高校体育教学创新实践

刘 丹 著

全国百佳图书出版单位
吉林出版集团股份有限公司

图书在版编目(CIP)数据

高校体育教学创新实践/刘丹著. --长春：吉林出版集团股份有限公司，2022.9

ISBN 978-7-5731-2291-9

Ⅰ.①高… Ⅱ.①刘… Ⅲ.①体育教学－教学研究－高等学校 Ⅳ.①G807.4

中国版本图书馆 CIP 数据核字(2022)第 175696 号

高校体育教学创新实践
GAOXIAO TIYU JIAOXUE CHUANGXIN SHIJIAN

著	: 刘　丹
责任编辑	: 王芳芳
技术编辑	: 王会莲
封面设计	: 豫燕川
开　　本	: 787mm×1092mm 1/16
字　　数	: 282 千字
印　　张	: 11.5
版　　次	: 2022 年 9 月第 1 版
印　　次	: 2022 年 9 月第 1 次印刷
出　　版	: 吉林出版集团股份有限公司
发　　行	: 吉林出版集团外语教育有限公司
地　　址	: 长春福祉大路 5788 号龙腾国际大厦 B 座 7 层
电　　话	: 总编办 0431—81629929
印　　刷	: 涿州汇美亿浓印刷有限公司

ISBN 978-7-5731-2291-9　　　　定价：68.00 元

版权所有　侵权必究　　　　举报电话：0431—81629929

【前　言】

随着高校体育事业的飞速发展，高校体育运动中所包含的项目也越来越丰富，其中，彰显时代性和魅力性的艺术体育运动在高校师生中倍受青睐，如今已成为高校不可缺少的运动项目之一。艺术体育运动指的是在音乐的伴奏下，以身体练习为主，通过有氧运动达到增进健康、健身娱乐以及塑造形体为目的的一项体育运动。艺术体育运动简单易学，不仅具有强身健体的功效，还可使人心旷神怡。因此，深受广大群众的喜爱，并逐渐成为我国高校体育教学与训练的重要内容。进入新世纪后，随着体育教育全球化浪潮的逐步推进，现代体育教学改革的特征愈发凸显，引发了教育观念、教育方式以及学习方式的不断变化。在新形势下，随着体育教学的发展与学生自我意识的增强，艺术体育运动得到了广泛的开展。本书以培养体育专业人才的实际需要为出发点，坚持改革与创新、继承与发展，坚持实事求是，力求从框架体系、专业发展、教学内容、方法手段上都进行一定的创新发展，不断地提炼与拓展。

鉴于此，特撰写《高校体育教学创新实践》一书，旨在为我国高校体育教学的建设与发展提供科学的理论指导，以求完善我国高校体育教学，并促进其健康发展。总体来看，本书结构完整，内容丰富。重视理论与实践的统一性，科学与技巧的统一性，以及实用与选择的统一性。另外，本书以更加直观的方式对高校学生准确、系统地学习艺术体育运动进行了指导。

本书分为七章，重点对高校体育课堂教学技能训练和高校体育教学策略进行了系统研究。在这之中，第一章为高校体育教育，阐释了高等学校体育，体育锻炼的科学基础以及体育锻炼与体能。第二章为高校体育教学内容，论述了高校体育教学内容的选择与开发，高校体育教学内容体系的构建过程，高校体育教学内容体系的改革发展。第三章为高校体育教学方法，对高校体育教学方法的内容与选择，体系的构建过程，教学方法的发展创新进行了研究。第四章为高校体育课堂教学技能训练探究，对几个不同的技能进行了论述。第五章为高校体育健康课程的教学策略优化，通过几种不同的学习方式探讨了教学策略的优化。第六章为高校竞技运动多元化教学与训练实践探究。第七章为高校体育教学训练方法的创新与实践。

本书在编撰过程中，参考了许多关于体育学与教育学方面的书籍资料，在此表示诚挚的谢意。由于高校体育健康课程教学实践优化研究内容广泛，具有较强的综合性和应用性，加之编者时间和水平有限，疏漏之处在所难免，恳请诸位专家学者与广大读者不吝赐教。

作　者

2021 年 11 月

【目 录】

第一章　高校体育教育 …………………………………………………………… 1
　第一节　高等学校体育 ………………………………………………………… 3
　第二节　体育锻炼的科学基础 ………………………………………………… 8
　第三节　体育锻炼与体能 ……………………………………………………… 12

第二章　高校体育教学内容 ……………………………………………………… 15
　第一节　高校体育教学内容的选择与开发 …………………………………… 17
　第二节　高校体育教学内容体系的构建过程 ………………………………… 30
　第三节　高校体育教学内容体系的改革发展 ………………………………… 32

第三章　高校体育教学方法 ……………………………………………………… 37
　第一节　高校体育教学方法的内容与选择 …………………………………… 39
　第二节　高校体育教学方法体系的构建过程 ………………………………… 51
　第三节　高校体育教学方法的发展创新 ……………………………………… 52

第四章　高校体育课堂教学技能训练探究 ……………………………………… 57
　第一节　教学内容编制技能训练探究 ………………………………………… 59
　第二节　学习指导技能训练探究 ……………………………………………… 68
　第三节　活动组织技能训练探究 ……………………………………………… 74
　第四节　负荷调控技能训练探究 ……………………………………………… 82
　第五节　保护与帮助技能训练探究 …………………………………………… 89

第五章　高校体育健康课程的教学策略优化 …………………………………… 97
　第一节　接收式学习的教学策略优化 ………………………………………… 99
　第二节　自主式学习的教学策略优化 ………………………………………… 103
　第三节　探究式学习的教学策略优化 ………………………………………… 106
　第四节　合作式学习的教学策略优化 ………………………………………… 108

第六章　高校竞技运动多元化教学与训练实践探究 ··· 113
第一节　篮球运动教学与训练实践探究 ··· 115
第二节　游泳运动教学与训练实践探究 ··· 125
第三节　体育舞蹈教学与训练实践探究 ··· 133
第四节　武术运动教学与训练实践探究 ··· 140

第七章　高校体育教学训练方法的创新与实践 ··· 145
第一节　体育教学训练方法的创新 ··· 147
第二节　田径运动与训练 ··· 149
第三节　体操运动与训练 ··· 165

参考文献 ··· 173

第一章

高校体育教育

第一节 高等学校体育

一、体育概述

（一）体育的内涵

所谓体育的本质属性，概括地说是指人们有意识地用自身的身体运动来增进健康与增强体质，进而促进人的身心发展的活动。以这一本质属性为内涵，体育的概念是：体育（广义）是指以身体练习为基本手段，为增强体质，提高运动技术水平，进行思想品德教育，丰富社会文化生活而进行的一种有意识的身体运动和社会活动。体育属于社会文化教育的范畴，为一定的政治经济服务，又受到一定的政治与经济的影响与制约。

（二）体育的构成

1949年以来，我国社会主义体育事业蓬勃发展，在促进学校体育发展的同时，极大地推动了群众体育和竞技运动的迅速发展，并逐步形成了独立的体系，在社会生活中越来越显示它的重要地位和作用。"体育"一词已不仅局限于教育范畴的狭义体育了，而是包括竞技运动和体育锻炼在内的一个总的概念体系。所以，广义体育是由狭义体育、竞技运动、体育锻炼三个基本方面组成的。狭义体育是与德育、智育、美育等相配合的整个教育的组成部分。狭义体育是有目的、有组织、有计划地促进身体全面发展，增强体质，传授锻炼身体的知识、技术和技能，培养人们道德意志品质的一个教育过程。

二、体育的作用

体育活动对社会进步以及人类发展具有一定的影响作用。一方面，随着社会生产力的快速发展，人们的生产劳动和日常生活方式也发生了根本性的转变，体力劳动减轻，对脑力劳动的要求相对提高。近年来人们的生活水平虽不断改善，但工作压力却越来越大，更多的人需要通过体育锻炼来强身健体、释放压力、娱乐身心。另一方面，社会的强烈需求，极大地刺激了体育快速地向社会化深入发展，成为人类社会文化教育不可缺少的重要组成部分。体育的重要作用表现在：促进人体生长发育、增强人体的各种功能、培养人的道德与品质、加强人际联系、促进经济繁荣与发展。

（一）智育作用

体育锻炼能够促进学生神经系统的发育，这为智力开发奠定了生物基础。学校体育通过各种各样的体育活动，可以促进学生的智力发展。学校体育本身是一项创造性的活动，蕴含着丰富的开发智力、培养创造力的内容，对全面培养观察能力、广泛训练记忆能力、启迪诱导想象力和提高思维能力具有重要的作用。此外，有研究表明，运动有助于开发大脑右半球的功能，对发展儿童的直觉、空间转换、形体感知等形象思维及创造力具有重要作用。学生进行系统的体育锻炼，加上合理的营养，可以使大脑获得更多的养分，从而进一步提高大脑的认识思维能力和脑细胞的反应速度。体育运动具有复杂、灵活、多变的特点，有助于培养学生的综合能力。通过体育锻炼，学生的反应敏捷度提升，发散思维能力增强，对事物的观察判断能力提升。因此，为促进学生的智力发育，学校应保证学生每天一小时的体育活动时间。

（二）德育作用

学校体育对学生的个体社会化以及人格完善具有极其重要的作用，它是德育的重要内容和手段。学校体育可以培养学生的道德认识和信念，使学生的道德信念通过体育活动得到强化，并化为学生具体的道德行为。学校体育能有效地培养学生的个性和意志品质，如勇敢、顽强、对挫折和困难的承受力等，学校体育还可以培育学生的集体主义和爱国主义精神以及责任感和荣誉感。学生个性、意志以及社会责任感与荣誉感的培养，既是学校德育的重要内容，亦是当代人所必备的素质。

（三）美育作用

运动促使美的产生，学校美育的重要与特殊的途径即为学校体育。学校体育在塑造学生身体美的同时，也伴随着行为美、运动美和心灵美，四者在运动实践中得到完美的结合。体育锻炼的这种塑造健美身体的作用是非常直接的，通过体育锻炼，能使学生身体匀称、姿态优雅、动作矫健，这既是健康的标志，也是人体美的表现。运动中的形体美、动作美、协调美、节奏美以及服饰美等都将给学生以强烈的美感体验，使其得到美的享受和情感的陶冶与升华。学校体育培育学生鉴赏美、表现美和创造美的作用是独特的、具体的，有着极强的实践性，这是一般学科所无法比拟的。体育课堂上的训练动作无不是对学生进行美的教育，尤其是冰上芭蕾、花样游泳、体操等在优美的旋律伴奏下进行的各项运动更是展现了体育的美育作用。

（四）健心作用

对于各级各类学校教育而言，体育教育中培养学生的健康心理不容忽视。残酷的工作生活和学习中的竞争，对人的心理有巨大的压力和影响，并且现在很多大学生都是独生子女，独生子女的孤独使相当大一部分青少年的心理存在问题，而体育教育不仅可以培养学生乐观进取、积极向上的精神，使学生变得勇敢、坚定、果断，提高自控能力，还可以协调人际关系、提高交往和协作能力。体育竞赛活动则使学生在平等条件下的竞争中，充分发挥各自的能力，不断进取。针对竞赛的结果，教师应实时对学生进行正确的成败观的教育，使学生正确认识失败与挫折，正视自我并增强自信，努力成为生活学习中的强者。

（五）健身作用

增进身体健康、延缓衰老以及延年益寿的最佳方式即为体育锻炼。通过锻炼可使血液循环加快、增强心脏的功能；可以改善大脑的供血状况，消除脑力劳动后的疲劳，使头脑清醒，思维敏捷；可使呼吸肌增强，肺活量增大，肺功能提高；能使肌肉粗壮结实、丰满有力；能使骨骼坚韧，骨密质增厚，骨的抗弯、抗折能力增强；还可以提高人体的基本活动能力、对环境的适应能力和抵抗疾病的能力。一个长期坚持体育锻炼的人，其体质将会明显增强，身体健康状况将会显著提升。

三、高校体育的地位、目的和任务

（一）体育的地位与目的

作为学校教育的重要组成部分，体育是培养德、智、体、美全面发展的社会主义建设人才的一个重要学科，因此，必须重视体育。学生不仅要通过体育教育来达到锻炼身体的目的，而且还要了解德智皆寄于体，因为健康的体魄是学习、工作的物质基础。根据体育本身的特点与作用和我国社会主义制度的要求，高校体育开设的目的是：增强学生体质，提高运动技术水平，为建设社会主义服务。高校体育开设的目的凸显了体育能够增强学生体质的主要功能，同时也表明了我国社会主义建设高校对体育的要求。

（二）体育的任务

第一，增强学生体质，提升学生身体素质，提高学生适应环境与抵御疾病的能力，促进学生的全面发展。根据调查资料显示，我国城市男女青年身高均值最高年龄为22岁，而我国大学生的年龄普遍在17～23岁，这说明在大学阶段的学生，他们的身高仍在逐年增长，而此时如果坚持体育锻炼，就能促进身体各器官、系统的正常生长发育。在大学生的身体素质中，最基本的是力量和耐力。力量素质是发展其他素质的基础因素，如果一个人有了丰满结实的肌肉，不仅能保持正确的姿势和健美的体形，还能经受持久的体力劳动。所以，力量素质是人们劳动、生活和体形健美的基础。人们在日常生活和工作中，对肌肉工作的力量和耐力的要求是基本的，在体育锻炼中所发展的力量和耐力素质，可以直接转移到日常生活和学习工作之中。因此，大学生在全面增强身体素质的同时，应着重发展力量素质和耐力素质。为提升高校学生对环境的适应性以及提升自身的免疫力，有效抵御各种病菌与病毒，应充分利用日光与空气等自然条件来加强身体锻炼。

第二，调动学生参与体育运动的积极性，增强学生的体育卫生基础知识，加强学生科学锻炼的技能，提高学生的体育文化素养与能力，培养学生良好的锻炼习惯与卫生习惯，为学生的终身体育锻炼奠定良好的基础。现代体育综合了生理、解剖、生物化学、医学、力学、哲学、心理、教育等自然科学和社会科学的知识，内容极其丰富。只有深刻认识了锻炼身体的意义和作用，才能激发锻炼身体的热情和锻炼的自觉性。人体的结构是一个复杂的整体，在大学阶段，要加深学习人体生理、解剖等方面的知识，掌握运动生理知识、运动技术和技能与锻炼身体的科学方法，并且只有把锻炼的自觉性和科学的锻炼方法结合起来，才能收到积极的锻炼效果。科学掌握运动技能有助于激发个体锻炼的积极性，从而促进良好习惯的养成，进而受益终身。

第三，有助于提升学生的体育运动能力，发展国家体育事业发展所需的后备力量。现代大学生的国际交往活动频繁，努力提高运动技术水平以适应我国大学生参加各种国际体育竞赛的需要，这是高校体育的一项战略任务。世界青年体育运动交往和比赛，不仅是身体素质和运动技术水平高低的比赛，在某种意义上也是各国的经济、科技、文化教育发展水平和民族精神面貌的比赛。组织运动队训练，提高运动技术水平，对发展我国体育运动，实现我国体育的宏伟目标有深远的意义。在高校广大青年学生中，有许多具备运动才能的体育人才，高校又具备较好的训练条件，完全有可能把我国大学生的运动成绩提高到国际先进水平，在国际体育竞赛中获得优异成绩。因此，为了国家体育事业的发展与繁荣，高校应重视体育人才的培养。

第四，高校体育应重视陶冶学生的情操，提升学生的意志力，培养学生的爱国主义和集体主义精神，增强学生的组织纪律性，提高学生的思想品质。体育对实现党的教育目标有着重要意义，体育的特殊性使其在完成教育任务的过程中发挥重要作用。

四、高校体育工作基本标准

为实现立德树人的根本任务，重视高等院校体育教学工作，切实提升高校学生体质与健康水平，促进学生全面发展，根据国家有关规定，制订了高校体育工作基本标准。这一标准既适用于普通本科院校体育工作，也适用于高等职业学校的体育工作。

（一）体育工作规划

第一，全面贯彻党的教育方针，服务立德树人根本任务，将学校体育纳入学校全面实施素质教育的各项工作，认真执行国家教育发展规划、规章制度及各项要求。创新人才培养模式，使学生掌握科学锻炼的基础知识、基本技能和有效方法，学会至少两项终身受益的体育锻炼项目，养成良好锻炼习惯。

第二，统筹规划学校体育发展，把增强学生体质和促进学生健康作为学校教育的基本目标之一和重要工作内容，纳入学校总体发展规划，全面发挥体育在学校人才培养、科学研究、社会服务和文化传承中不可替代的作用。

第三，设置体育工作机构，配备专职干部、教师和工作人员，并赋予其统筹开展学校体育工作的各项管理职能。实行学校领导分管负责制（或体育工作委员会制），每年至少召开一次体育工作专题会议，有针对性地解决实际问题。学校各有关部门积极协同配合，合理分工，明确人员，落实责任。

第四，加强学校体育工作管理，在学校体育改革发展、教育教学、教研科研、竞赛活动、社会服务等各项工作领域制订规范文件、健全管理制度、加强过程监测。建立科学规范的学校体育工作评价机制，并纳入综合办学水平和教育教学质量评价体。

（二）课外体育活动与竞赛

第一，将课外体育活动纳入学校教学计划，健全制度、完善机制、加强保障。面向全体学生设置多样化可选择、有实效的锻炼项目，组织学生每周至少参加三次课外体育锻炼，切实保证学生每天一小时的体育活动时间。

第二，学校每年组织春、秋季综合性学生运动会（或体育文化节），设置学生喜闻乐见、易于参与并具有竞技性、健身性和民族性的体育项目，力求参与运动会的学生人数能达到50%以上。经常组织校内体育比赛，支持院系、专业或班级学生开展体育竞赛和交流等活动。

第三，注重培养学生体育特长，有效发挥体育特长生和体育骨干学生的示范作用，组建学生体育运动队，科学开展课余训练，组织学生参加教育和体育部门举办的体育竞赛。

第四，加强校园体育文化建设，促进中华优秀体育文化传承创新。学校成立不少于20个学生体育社团，采取鼓励和支持措施定期开展活动，形成良好的校园体育传统和特色。开展对外体育交流与合作。通过校报、公告栏和校园网等形式，定期通报学生体育活动情况，传播健康理念。

第五，因地制宜开展社会服务。支持体育教师适度参与国内外重大体育比赛的组织、裁判等社会实践工作。鼓励体育教师指导中小学体育教学、训练和参与社区健身辅导等公益活动。支持学校师生为政府及社会举办的体育活动提供志愿服务。

（四）基础能力建设与保障

第一，健全学校体育保障机制，学校体育工作经费纳入学校经费预算，并与学校教育事业经费同步增长。加强学校体育活动的安全教育、伤害预防和风险管理，建立健全校园体育活动意外伤害保险制度，妥善处置伤害事件。

第二，根据体育课教学、课外体育活动、课余训练竞赛和实施《国家学生体质健康标准》等工作需要，合理配备体育教师。体育教师年龄、专业、学历和职称结构合理，健全体育教师职称评定、学术评价、岗位聘任和学习进修等制度。

第三，将体育教学、课外体育活动、课余训练竞赛和实施《国家学生体质健康标准》等工作纳入教师工作量，保证体育教师与其他学科（专业）教师工作量的计算标准一致，实行同工同酬。

第四，体育场馆、设施和器材等符合国家配备、安全和质量标准，完善配备、管理、使用等规章制度，基本满足学生参加体育锻炼的需求。定时维护体育场馆、设施，及时更新、添置易耗、易损体育器材。体育场馆、设施在课余和节假日向学生免费或优惠开放。

第二节 体育锻炼的科学基础

一、体育锻炼的原理

(一)体育锻炼的原理

体育锻炼有利于身体健康,不仅能够提升人体的运动素质,并且也能提升身体的基本活动能力,有效预防疾病的发生。然而,体育锻炼与健康的关系是辩证的。科学的体育锻炼能提高人体健康水平;违背客观规律的体育锻炼不仅不能获得良好的锻炼效果,甚至有害于健康。所以体育锻炼与身体健康的关系本质上是一个适应过程。就生物学方面来讲,超量恢复学说与应激学说是体育锻炼健康适应的两个主要理论基础。

1. 超量恢复学说

所谓超量恢复学说,是指运动时能源物质——糖、脂肪、蛋白质和氨基酸的消耗和在运动后其数量的恢复中,存在着超代偿现象。超量恢复的程度和时间取决于消耗的程度,在一定范围内,肌肉活动量越大,消耗过程越剧烈,超量恢复越明显,如果活动量过大了,超过了生理范围,恢复过程就会延缓,运动实践证明,运动员在超量恢复阶段参加训练或比赛,能提高训练效果和创造优异的比赛成绩。

2. 应激学说

应激学说认为应激反应是一切日常生活中比较少见的强烈刺激所引起的反应,以及随后的生理恢复总称。体育锻炼也是比较少见的强烈刺激,机体会产生相应的反应。在一定范围内,刺激越大,机体适应后展现的能力就越强,超过了生理范围就会出现病理现象。当前应激学说在运动训练中的应用,主要是从运动时身体机能变化中的神经—内分泌—免疫系统关系来分析运动训练和身体相适应的关系。

(二)常见的体育锻炼内容与方法

1. 健身运动宜选择有氧运动

有氧运动是指运动强度相对较小,氧的供给充分,机体以能源物质的有氧氧化获得能量的运动形式。无氧运动是指运动强度较大,氧的供给相对不足,机体则利用糖原的酵解产生乳酸获得能量的运动形式。由此可见,在一般情况下,有氧运动和无氧运动的区别,主要是依据运动过程中有无乳酸产生来判定的。对一般的锻炼者而言,以选择有氧运动为宜,无氧运动强度大,不能持续较长的时间,锻炼时间不足,就起不到强身健体的作用。而有氧运动有助于改善肌肉血流,为肌肉工作提供必要的氧气和营养物质,因而有助于维持肌肉进行长时间的运动。较长时间的有氧运动还可使骨骼、心脏、心血管、呼吸等身体系统的机能出现良性的适应性变化。在有氧运动中，随着运动时间的延长，脂肪供能的比例逐渐增加，因而还可以取得更好的塑身减肥效果。但对于有训练基础的年轻人而言，为了提高机体受剧烈运动的能力和竞技运动的水平，可安排一定比例的无氧运动。

2. 步行

步行锻炼是一种最自然、最有效、危险性最小的有氧健身方式。步行时人体直立，全身的主要肌群几乎都参与工作，对关节、骨骼和肌肉都有良好的作用。步行时身体的震动小，关节相对稳定，不容易引起踝关节、膝关节损伤。步行对场地、器材、设备没有特殊要求，随时随地进行，对于疾病缠身、身体条件较差、没有锻炼习惯的人而言，无疑是最佳的健身方式。

步行锻炼与散步不同，散步主要为了放松，不太讲究周边的环境、时间的长短以及运动着装，而步行锻炼却有相应的要求。步行宜着宽松、舒适、吸汗性强的服装。所穿鞋的鞋底要有适当的弹性，不要穿皮鞋、高跟鞋或鞋底太硬或太滑的鞋。步行时间以安排在上午（有日照后）或傍晚为宜。每周步行至少 3 次，每次不要少于 30 分钟。步行应尽量选择在户外空气清新，环境幽雅，车辆较少处进行。步行过程中插入一段坡路可以提高运动强度，对锻炼腰部、腿部有很好的效果。步行的方式多种多样，如倒退走、赤脚走和摆臂步行走等。而运动医学研究发现，快步行走是最好的有氧运动，健身效果最好。这种步行我们一般又称为健步走。健步走这种运动的，步幅较普通步行稍大，步频较普通步行稍快。步行时上身尽量保持挺直，身体放松，走路抬头，眼看前方，双臂放松并自然摆动。膝盖伸直，两腿自然迈步，脚步着地时宜采用后跟先着地再滚动到脚趾的方式。身体重心落在脚掌前部，呼吸自然，或配合脚步进行有节奏的呼吸。步行速度一般宜控制在每分钟 100 至 130 米之间，当走的速度达到 8 千米/小时，能量消耗大约与跑步相等，当速度超过 8 千米/小时，走的能量消耗将超过跑。因此，合理进行步行锻炼，不仅可以减肥，而且可以取得比跑步更好的减肥效果。

3. 爬山

经常参加爬山锻炼，对关节、骨骼和肌肉都有良好作用，可使骨骼的物质代谢增加。钙、磷等微量元素在骨骼内的沉积增多，骨的弹性、韧性增加；爬山可以改善大脑的血液供应，使人思维敏捷，反应迅速；爬山锻炼可使血液总胆固醇含量降低，防止动脉血管硬化，减少心血管疾病的发病率；爬山可改善心脏功能，达到预防心脑血管疾病的目的；山地大多植被丰富，空气清新，空气中含有较多的负氧离子，负氧离子进入体内，通过体液调节机制对机体产生良性影响。

爬山还有独到的减肥作用，这是因为爬山是一种运动强度适宜、持续时间较长的运动方式。大强度的运动，由于不可能持续很长时间，总的能量消耗较少，不是理想的减肥运动方式；强度较低的运动，由于供氧充分，持续时间长，总的能量消耗多，更有利于减肥。登山过程中的注意事项：

（1）穿运动服、运动鞋爬山；

（2）登山前喝足够的水，登山过程中应及时补水，喝水应少量多次；

（3）骨关节不好的人爬山应当选择山势比较平缓的地段进行，尽可能少爬台阶，上下台阶对关节的震动较大，对关节软骨的压强较高，更容易加重关节内软骨变形，加速骨质增生。

二、冬季体育锻炼内容与方法

北方冬季寒冷而且漫长，冰雪资源极为丰富。然而冬季是感冒、气管炎、过敏性鼻炎及心脑血管疾病的易发季节，因此，在冬季选择合适的运动项目，进行科学的体育锻炼对增强体质、增进健康是十分必要的。

（一）一般性运动项目

1. 长跑锻炼法

长跑是冬季较好的锻炼项目之一，技术非常简单，有着广泛的群众基础，对任何人群都很适宜，它不需要专门的场地和器械设备，可因人、因地、因时制宜地选择地点、路线、跑的速度和距离，青年学生长跑的距离应是2000至3000米。

2. 有氧体操锻炼法

课间和课余，以徒手运动为基础，结合舞蹈动作并在音乐伴奏下进行健身活动，形式多样，可以个人，也可以集体演练。有氧操是一种充满活力的体育锻炼方法，崛起于20世纪80年代，以其特有的魅力及良好的健身价值受到青年人的青睐。通过有氧操锻炼可以使你的体重得到有效的控制，而良好的体能和健美的身材可使人增强自信，练习中体验到的轻松和快乐还能减轻精神上的烦恼和痛苦，使情绪得到改善。

（二）雪上运动项目

滑雪是既浪漫又刺激的体育运动。它起源于北欧的挪威。早在几千年前，当人们的生产条件还很落后的时候，人类为了在恶劣的自然环境中生存，发明了可以代替行走的滑雪板，它的应用使得人们可以在浩瀚的森林中任意驰骋追寻猎物。随着时代的发展，滑雪的实用价值已逐渐降低，但由于它更贴近自然贴近生活，因而被人们广泛接受，演变成了现代的竞技运动和旅游项目。在国外，每当进入冬季各种雪上运动赛事不断，人们可以经常欣赏到滑雪运动员在高山丛林间穿梭跳跃的英姿，使喜爱这一运动的人们大饱眼福。在欧洲及北美洲的许多国家，滑雪运动已被众多的普通消费者所接受。如今，滑雪已成为冬季最受欢迎的休闲运动之一。

滑雪运动不同于其他的场馆运动，它远离喧闹的都市，完全投入到大自然中。在惊险刺激的运动之余体会山野的安静与壮观。随着我国经济的不断发展，我们的生活也在不断增添新的内容：现在越来越多的人已经开始关注这项运动了。据统计1996年以前，北京地区涉足这项运动的还仅限于专业运动员以及驻京使馆商社的滑雪爱好者。1996年后，由于亚布力滑雪场正式对普通游客开放，加之新闻媒体对这项运动的广泛宣传和报道，使得我国的普通消费者也有了参加这项活动的机会，据有关部门统计，每年到滑雪场去体会这种感受的人数已达上万人次，而且仍在逐年上升，可见普通消费者对这项冬季体育运动已经产生了浓厚的兴趣。

1. 当代竞技滑雪项目分类

高山滑雪、越野滑雪、跳台滑雪、北欧两项滑雪、自由式滑雪、单板滑雪、冬季两项滑雪。每个大项目又包括诸多小项目，总计四十余小项。

2. 适合大众参与的项目

适合大众参与的项目很多，如高山滑雪、单板滑雪、越野滑雪等。

跳台滑雪、自由式滑雪空中技巧等项目由于特定的条件，普通滑雪者可望而不可即。至于特殊滑雪中的危险项目，如探险滑雪，不适合大众滑雪者。人们只要循序渐进，量力而行，时时注意安全，就会远离伤害。一般初学者应根据自身的身体素质、年龄、滑雪基础、场地条件、可投入的时间等因素，选取滑雪入门的最优方案。因滑雪运动是在滑动中的操纵技术，初学者不易控制重心，容易形成错误动作，故应从入门的第一天起，就在专业技术人员的指导下，在姿势、要领、动作方面做到"三正确"，从练习基本动作起步，扎实掌握技术功底，为以后的提高奠定基础。

（三）冬季体育锻炼的注意事项

1. 保护皮肤

我国北方，冬季寒冷，皮肤经常受冷空气的刺激，皮下血管处于收缩状态，皮脂分泌减少，皮肤在这种气候条件下水分散失得很多，因此，冬季皮肤显得干燥。如果保护得不好甚至会裂口，所以对暴露在外面的皮肤要涂些油脂，既可以保护皮肤的润泽，又起到一定的隔凉保温作用。特别是滑雪时形成的相对速度很大的冷风对皮肤的刺激和雪面上强烈紫外线对皮肤的灼伤是构成皮肤伤害的主要原因。为防止水分的散失和紫外线对皮肤的灼伤，可选用一些油性的有阻止水分散失功能的护肤品，然后再用防紫外线效果较好的具有抗水性的防晒霜涂在皮肤上。防晒霜只能在短时间内有效，所以应每隔一段时间（一般2小时）就在暴露的皮肤上涂一次，切不可因为阴天不涂防晒霜，因为阴天时紫外线依然很强烈。如果滑行中感觉冷风对脸部的刺激太厉害，可选择一个只露出双眼的头套，再加一个全封闭型滑雪镜，将面部完全罩住，这样可有效阻止冷风对面部的侵入。以上物品建议您随身携带。

2. 运动前一定要充分地做准备活动

充分的准备活动对冬季体育锻炼至关重要。由于冬季室外环境温度低，人的肌肉和韧带的弹性、伸展性及关节的灵活性都较差,肌肉的黏滞性较大,而做准备活动可使体温升高、参加活动的肌肉得到充分伸展、肌肉韧带的弹性增强、肌肉的黏滞性降低,关节活动的幅度增加等,这有助于防止锻炼时肌肉、关节和韧带的损伤。同时,准备活动还可以提高神经中枢的兴奋性,增强内分泌活动,克服内脏器官的惰性,加快血液循环和新陈代谢,以便更好地满足体育锻炼时的需要。

3. 冬季运动时要注意呼吸方法

在冬季进行体育锻炼,主要用鼻子呼吸,不要张大嘴巴呼吸。因为鼻黏膜的血管丰富,腔道弯曲,对吸入的冷空气有加温和湿润的作用,可以避免冷空气直接刺激咽喉而引起呼吸道感染、喉痛和咳嗽等。如运动量大,只用鼻吸不能满足供氧时,那就得借助于口来帮助呼吸。一般情况下,口张开,上齿轻触下唇,舌微舔上颚,让冷空气经牙缝进入,再经舌头阻挡吸进,就不会严重刺激呼吸道。

4. 冬季运动与感冒

引起感冒的原因是细菌和病毒,他们是一些肉眼看不见的微生物。人的鼻腔和咽喉里都潜伏有这类病菌,只是由于健康人有足够的抵抗力而不被征服而已。然而,当身体抵抗力减弱时,病菌就会乘机侵袭。况且,有些人的器官已长时间被病菌所侵袭,如患有慢性鼻炎、副鼻窦炎、扁桃体炎、支气管炎者,其抵抗力更低。其次,过度疲劳或不注意生活卫生也是导致感冒的原因。寒冷季节感冒人数增多的原因主要是由于外界的冷空气引起鼻、咽黏膜血管缺血而使抵抗力减弱,造成细菌和病毒易于繁殖、散布的环境。先是上呼吸道黏膜发生炎症,再蔓延到支气管炎而引起发烧、咳嗽等症状,因此,预防感冒的关键在于增强人体的抵抗力和对寒冷环境的适应能力。同时,每次锻炼结束之后,要把汗及时擦干并换上干衣服,以防感冒。

第三节 体育锻炼与体能

一、体育锻炼应遵循的原则

体育锻炼是增进健康、增强体质最积极、最有效的方法。体育锻炼不仅能使人感觉更加健康,还能减少精神上和情绪上的压力,提高睡眠质量。并能促进青少年形成正确的姿态、塑造体型,矫正身体的畸形发展,从而达到健美作用。体育锻炼是人们达到"健身、健心、健美"效果的最佳途径,体能是指人类进行各种体育活动所必须具有相应的走、跑、趴、攀、蹬等基本能力及极限能力。身体素质是体能的重要组成部分,体育锻炼的主要目的是改善与提高人的身体素质。

(一) 正确选择锻炼方法

体育锻炼方法多种多样,目的不同,采用的方法、手段应不尽相同。有氧锻炼主要改善心血管系统、呼吸系统的功能。力量练习主要提高肌肉的工作能力。为了将动作做得更美，我们必须加强对灵敏性、协调性动作的锻炼等。

（二）全面发展原则

体育锻炼追求的是使人体形态、机能、各种身体素质以及心理品质等诸方面得到全面和谐的发展。人体是一个完整的有机体，各器官系统既相互影响又相互制约。局部机能的提高能促进机体其他部位的机能得到相应的改善，只有丰富体育锻炼的内容和方法，机体才能获得良好的整体效应。每个人应以一些功效大且有兴趣的运动项目锻炼为主，辅之其他项目进行全身锻炼，这样才能达到真正全面锻炼的目的。

二、发展速度素质

（一）发展速度素质的生理基础

决定反应速度的生理学基础主要表现为：感受器的敏感程度，即兴奋阈值的高低；中枢延搁；效应器的兴奋性。其中，中枢延搁又是最重要的。反射活动愈复杂，历经的突触愈多，反应也就愈慢。反应速度还与中枢神经系统的灵活性与兴奋状态有密切的关系。此外，反应速度还决定于条件反射的巩固程度。随着动作技能的日益熟练，反应速度变快。动作速度的生理学基础主要表现为：肌纤维的百分比组成及其面积；肌力；肌纤维兴奋性高时，刺激强度低且作用时间短就能引起兴奋；条件反射的逐渐巩固。位移速度的生理学基础主要表现为：大脑皮层运动中枢兴奋与抑制的转换速度；肌肉中快肌纤维的百分数及其肥大程度；提高各中枢间的协调性，能增快有关动作的速度，也能加大肌肉收缩的力量。

（二）速度素质的测试方法

30 至 60 米跑及 4 至 7 秒钟冲刺跑两种方法测定。30 米跑测量方法：受试者以站立式的姿势起跑，听到起跑信号后即快速跑向终点。不得抢跑，犯规者重测。测验至少由两名测试者实施，一人组织发令，另一人计时和记录，测两次，取最佳成绩。4 秒钟冲刺跑测量方法：受试者可以用任何起跑方式，听到起跑口令后，迅速沿跑道快跑，当听到停跑哨声时，停止跑动。测验至少由两名测试者实施，一人发令兼计时，另一人则在跑道前方预等，并随受试者的远近而动，听到停跑哨音后，即记下受试者所跑的距离，测两次，以所跑的距离为成绩，取最佳成绩。除上述介绍的测验外，还可用 30 米途中跑、50 米途中跑和 6 秒钟冲刺跑来测验。

三、发展耐力素质

（一）提高耐力素质的要求与方法

耐力是指人体长时间内进行肌肉活动的能力。提高持续跑能力是发展人体耐力素质的关键。从运动生理学的角度来划分,耐力又包括一般耐力、肌肉力量耐力、速度耐力和静力耐力四类。其中,一般耐力是指人体进行一般工作的抗疲劳能力,如 1500 米跑;速度耐力是指人体在不太长时间内肌肉的快速运动能力,如 400 米跑等;力量耐力是指肌肉长时间进行收缩活动的能力,如俯卧撑等;静力性耐力是指肌肉在长时间内进行静力性收缩的能力,如蹲马步等。根据耐力素质的特点,我们通常采用定量计时、定时计量和极限式三种形式来进行耐力素质的锻炼。定量计时是指以受试者完成特定动作的时间作为区分优劣的测验。定时计量是指以受试者在单位时间内完成规定动作的次数来区分优劣的测验。极限式是指以受试者竭力完成规定动作或距离的测验。

(二)发展耐力素质的生理基础

第一,从呼吸系统来说,利用深呼吸等方法能导致肺通气量增大,提高氧耐力水平。

第二,影响有氧耐力的主要因素之一是血红蛋白的数量多少。

第三,每搏输出量的大小是衡量心脏功能好坏的又一因素,也反映了有氧耐力水平。

第四,肌组织进行的有氧代谢会影响肌组织利用氧的能力。

第二章

高校体育教学内容

第一节　高校体育教学内容的选择与开发

教学内容是体育教学最重要的构成要素之一，是连接教师与学生的重要载体。如果没有教学内容，教学活动就无法正常进行；如果教学内容的选择和使用不够科学，就会直接影响预期教学效果的实现，也就不能完成体育教学任务和体育教学目标，由此可见教学内容的重要性。本章围绕体育教学内容展开论述，对体育教学内容的基本知识、选择、加工及开发、教学内容体系构建以及现阶段体育教学内容的改革与发展进行了系统研究，为科学构建现代体育教学内容体系，促进体育教学内容的发展完善提供了理论指导。

一、体育教学内容概述

（一）体育教学内容的概念

体育教学内容，是实现体育教学目标的重要物质载体，主要是指在体育教学过程中对体育知识和技能体系等方面的选择和运用。教学内容从书面知识变为对学生的知识积累和运动技能的提高，这一过程要以体育教学目标为指导，通过合理的教学方法和教学组织，在一定的教学环境中进行转化，这一转化过程的所有内容就是教学内容。

可以通过以下几个方面深入理解体育教学内容：

第一，体育教学内容是教学的材料和依据，在体育教学实践中，教师对体育教学内容的选择要以实现体育教学目标为指导，根据自己的教学经验和对体育教学的理解，从众多体育教学材料中选出最佳的、最能实现教学目标的内容，是教师从丰富的体育文化知识和技能理论当中精挑细选而来的。

第二，体育教学内容在教师与学生中间扮演着中介和媒体的角色，是教师和学生之间的信息交流。

第三，体育教学内容制约体育教学方法和教学手段的选用。

第四，体育教学内容决定体育教学的效果和体育教学目标实现的程度。

（二）体育教学内容的特点

第一，教育性。体育教学内容的教育性表现在通过对体育教学内容的学习，能实现体育教学功能，促进学生的知识、技能、生理、心理、社会适应能力的发展，对学生的道德品质有正面引导作用，能使学生成为更健康、完善发展的人。在现代体育教学内容中，其教育性可以通过以下几个方面进行充分的体现：促进受教育者身心发展、摒弃落后危害活动、活动冒险性和安全性的统一、广泛的适应性、避免过于功利性。

第二，实践性。体育教师将体育教学内容传授给学生，主要是通过学生的身体练习进行的。体育教学内容最大的特点是其主要构成是体育运动项目以及相关的身体练习，所以其实质上是身体运动的一种实践，而其他教学内容都不具有这种特质。从本质来看，体育教学内容的学习并不单单是学生大脑思维的活动，不仅需要学生对教学内容进行理解，通过学生的思维活动解决其懂与不懂、知与不知的问题，还要通过学生实际从事运动学习和身体锻炼，使学生在身体运动中体会肌肉本体感觉的形成与动作记忆，解决其会与不会的问题。而后者的身体实践是体育学习的主要内容和形式。

第三，健身性。体育教学内容主要围绕体育展开，并通过学生的身体练习进行实践实习，因此必然具有健身性，体育教学内容的健身性具体是指学生学习体育教学内容，参与体育锻炼，在此过程中，通过身体承受住了一定量和强度的运动负荷，为学生提供了体能增强以及健康增进的可能性，使身体素质得到提高和改善。增强学生的体质是体育教学内容健身的具体表现。体育教学内容的健身性的科学实现必须建立在科学控制学生身体练习的运动负荷基础之上，对运动负荷的科学安排与控制要符合学生身心发展特点、符合教学内容的基本要求和范围，否则体育教学的健身性就不能实现，并且还会对学生身心产生不良影响。

第四，娱乐性。早期体育运动具有娱乐性，娱乐性是其起源和产生的根本原因。现代体育教学内容为各项体育运动，这些体育运动多源于运动游戏，故具有较强的娱乐性。在体育教学中，体育教学内容的学习方式往往是运动学习以及运动比赛，这是实现体育教学内容的重要和有效途径，这些运动之所以具备乐趣，就是源于运动学习和运动竞赛过程中存在的诸如竞争、合作、表现欲等一系列的心理过程，而在这些心理过程中能够体会到很大程度上的乐趣，有助于提高学生体育学习和参与的兴趣。

第五，人际交往的开放性。体育教学的内容有很多，但大多数内容的主要形式都是集体性活动，与其他学科教学内容相比，在体育教学内容的实现过程中，师生之间的交流与交往更加频繁，师生之间的人际交流也更加开放，这对于学生良好社会适应能力的提高具有重要的促进作用。具体来说，在体育教学实践中，学生参与体育教学活动主要是以集体为单位的活动形式来进行的，而以集体为单位的运动需要以团队间每个成员位置的不断变动方式进行，因此，体育教学中各种人员的沟通和交流变得日益频繁，师生及学生之间的人际交流呈现出开放性特征，通过体育教学内容的学习能够帮助学生有效地提高社会适应能力。

第六，非逻辑性。和其他学科相比，体育教学内容复杂，各具体的内容之间并无必然的先后逻辑顺序，甚至彼此之间可以相互代替，如先进行田径教学与先进行球类运动教学并没有任何影响,而且不同的教学内容可以实现同样的教学效果,如提高学生的身体素质、培养学生的团队意识等。教师可以自由选择,不必考虑各内容之间的逻辑顺序。体育教学内容的排列并不是直线递进式的,而是复合螺旋式的,它是由众多的相互平行的身体练习和竞技运动项目组成的,不同体育教学内容可以相互替代,如体育教学中对不同运动项目以及身体练习的选择。体育教学内容的非逻辑性使体育教师在教学实践中有更多的选择,也正是因为这种选择自由性的提高,使其要求教师必须能准确判断哪部分教学内容最有利于促进学生发展,最能实现体育教学效果,因此说这种选择的难度也增加了。

第七,规定性。所谓规定性,具体是指体育教学内容的实现具有体育教学条件的规定性,如一些教学活动需要借助一定的工具、器械进行,需要在规定的场地、设施内进行,如游泳、滑冰等对运动环境和气候也具有一定的要求,而如果这些教学内容离开特定条件、空间、环境等,就会发生质的变化,也可能将不复存在。

二、体育教学内容划分

(一)体育教学内容的层次划分

根据学校体育教学内容的产生,可以将体育教学内容的层次进行宏观和微观层次的划分。

1. 宏观层次

在我国教育系统中,学校基础教育课程模式将从单一的模式转向多元化的发展。以这一基本思想为依据,从宏观层次来看,体育教学内容主要包含了上位层次(国家课程和教学内容)、中位层次(地方课程和教学内容)和下位层次(学校课程和教学内容)三个层次。

首先,上位层次(国家课程和教学内容)。国家课程和教学内容是体育教学的上位层次,体育教学内容是由国家的教育行政部门统一规定的,各个地方学校必须服从,体现出一定的强制性。对我国基础教育教学质量的好坏有着决定性影响。国家课程和教学内容充分符合国家意志,能够使学生在接受基础教育之后达到我国的预期体育素质,在体育方面成为一个合格的公民。国家在体育课程和教学内容的开发上,依据的通常是不同教育阶段的性质与培养目标,通过这些因素对体育课程标准等方面进行制定,从而编写出符合实际的教学内容。这些因素在我国基础教育体育课程框架中是作为主体部分而存在的,它无论是涵盖的内容,还是所占的课时比例,都比地方课程和学校课程的内容和课时比例多。

其次,中位层次(地方课程和教学内容)。地方课程和教学内容是体育教学内容的中位层次,具体来说,它是针对国家规定的各个教育阶段的体育课程内容来进行开发的。地方课程教学内容体现了与教学的具体实际情况(政治、经济、文化、民族等)的适应性,该部分教学内容的开发者大多为省一级的教育行政部门或授权的教育部门。地方课程和教学内容可以使地方体育教学资源得到充分地利用，与当地的教育发展情况紧密结合起来，体现出一定的地域性特点。

最后，下位层次（学校课程和教学内容）。学校课程和教学内容是教学内容的下位层次，是与体育教学最接近的一部分教学内容，决定了学校体育教学的最终实施。学校课程和教学内容具有多样性和选择性的特点，其主体是体育教师，它以国家课程和教学内容、地方课程与教学内容为前提进行具体实施，并将科学评估本校学生的特点和需求，对当地社区和学校的体育教学资源进行充分利用，以学校的办学思想为依据作为基础。在体育教学中，体育课程资源的开发要以国家教育方针、国家或地方体育课程和教学内容等为依据，教学内容的设计要充分体现出独特性和差异性，以实现学校体育教学目标、促进学生身心的全面健康发展、满足每一个在校学生的体育学习和体育发展需求。体育教学内容的上位层次、中位层次和下位层次三部分内容的建设是由国家、地方、学校共同完成的，这三个层次的职责不同，所以其所涵盖的范围和在教学当中所占的比重也有所不同。

2. 微观层次

任何一门学科课程的实现都是以教学内容为载体，根据教学内容论的观点，教学内容是包含多层意义的，体育教学内容也不例外。从微观层次来看，根据体育教学内容具体化的程度，体育教学内容的微观层次包含以下四个方面。

首先，第一层次——体育课程标准所示的学习内容。体育课程标准对体育教学内容的选择具有重要的指导作用，教学内容是为实现体育课程目标服务的，教学内容应符合课程标准要求，如在体育与健康课程标准下，教学内容应充分考虑学生运动参与、运动技能、身体健康、心理健康、社会适应的实现。这种分析实际上是活动领域的一种表述，并非常规意义上的体育教学内容。

其次，第二层次——课程标准所示的水平目标。体育教学内容微观层次的第二层次是第一层次形式上的具体化，是对通过体育教学学生应达到的具体学习效果的一种要求。和第一层次教学内容相比，第二层次的教学内容更重要的是实现体育课程的能力标准，即通过具体教学内容的学习，学生应该达到一个什么样的能力标准和层次，掌握哪些知识和技能，达到什么样的水平是比较合格和合理的。

再次，第三层次——体育教学的教学物质设施。在这一层次中指的是教学中需要具体运用到的硬件与软件等物质设施，也就是说属于普遍意义上的教学内容教具，比如足球、武术、游泳等运动项目，以及这些项目的进行所需的场地器材和设备。这一层面的体育教学内容是通常我们所说的教学内容。该部分教学内容依据不同功能和形态、按照大小练习循环多少也可以分为四个层次。

最后，第四层次——体育教学的教学方法与手段。在这一层次中指的是某项教学内容下位的具体教学内容,在体育教学中,练习教学内容、游戏教学内容、认知教学内容等都属于这一层次。例如,一项运动的具体练习教学内容,游戏教学内容以及认知教学内容等一系列拆分开来的教学内容。

(二)体育教学内容的类型划分

1. 体育教学内容分类的基本要求

要求一:与教育价值取向相一致

随着社会和教学需要的发展,并没有哪一种体育教学内容的分类是一成不变的。不同时期学校体育教学的目的不同,教学内容也不同,而不同体育价值观下的体育教学内容也不同。以东西方体育文化为例,西方学校体育教学旨在通过体育运动的方式加强学生的身体健康水平,并以体育运动为手段增强学生的心理健康度和与社会融合的适应度,培养学生的竞争意识和本我个性。而我国学校体育教学更侧重于"强国强种"的政治目的,在不同教育价值取向下,东西方的教学内容选择表现出明显的差异。现阶段,我国强调素质教育,学校体育教学内容日益丰富和多样化。

要求二:以体育课程目标为中心

一切教学活动都要围绕着体育教学目标进行。体育教学内容应为满足体育教学的目的和任务服务,它是实现体育课程目标的重要手段,因此,体育教学内容的分类必须要考虑到能否有效帮助体育课程目标的实现。体育教学内容往往是多功能的,所以对体育教学内容进行分类必须充分考虑体育运动项目或身体练习的特点与功能,以便于为更好地实现教学目标选择相适应的教学内容。

要求三:与学生发展规律相符合

体育教学内容要充分考虑学生的身心发展特点。学生正处于青春发育期,不同年龄阶段的学生,其年龄阶段的生理特征和心理特征具有不同的表现,教师在选用具体的教学内容时,应考虑教学内容是否符合该年龄阶段学生的特点。针对学生此年龄阶段的生理和心理特点,选择适当的体育教学内容,充分遵循学生身心发展的基本规律。机体和心理在一定年龄阶段的可承受运动负荷与从事运动项目是对应的,教师应充分把握这一规律。以小学低年级的体育教学内容为例,在这一阶段体育教学的运动技能的目标主要是对学生的基本活动能力进行发展。因此与该阶段学生相符的教学内容比较适合采用以基本活动能力与游戏来进行分类,如此做对于发展小学生的基本活动能力以及对小学生在体育兴趣方面的培养是非常有利的,从而能够充分调动学生学习体育的积极性与主动性。

要求四:有利于教学实践的开展

对体育教学内容的科学分类应始终坚持为体育教学实践服务的基本教学理念。对体育教学内容进行具体分类时,应便于体育教师在体育教学实践中对体育课程内容进行选择与安排。体育教学内容的分类不但要合理，而且必须符合科学规律，分类的正确与否将交由实践来进行验证。

要求五：紧密联系其他教学要素

体育教学体系包括多个教学要素，教学内容是其中重要的一个，体育教学内容的分类应当做到与体育教学方法和评价方法相互联系，以形成一个完整的系统，从而成为一个整体，这样有利于体育教学评价的顺利进行，也就是说，进行体育教学内容分类时，必须要树立系统观念。

2. 体育教学内容常见分类方法

由于现代体育教学内容丰富，涉及的体育运动项目种类繁多，因此进行体育教学内容分类时，必须要充分考虑按照逻辑进行分类。对体育教学内容进行合理的分类不仅能够使教师和学生对于体育教学内容的认识更加深刻，同时应有助于教学目标的实现。大多数体育教学内容之间的关系是平行的，并没有过多的纵向逻辑关系，加之体育教学内容往往是可替代的，因此在体育教学内容的分类上，争议还是比较多的。目前，体育教学内容的分类方法大致包含以下几大类。

方法一：根据体育教学功能分类

根据我国体育课程相关的文件，以三维健康观、体育的本质特征、体育与健康课程等几个领域的目标为依据对体育课程的内容体系进行了重新构建，体育教学内容被划分为包括运动参与、运动技能、身体健康、心理健康以及社会适应等五个方面。

方法二：根据体育教学目标分类

根据体育教学的目标进行分类，这在体育教学分类方法中比较常见。这种方法是依据人们赋予体育教学所要达到的目的进行分类的。比如在发展学生身体素质的练习、提高学生运动技能的练习、培养学生运动安全和运动损伤预防的练习等。根据体育教学目标对体育教学内容进行分类的方法不仅能够使根据多种目的的身体练习进行人为的规定得以实现，能够使教学内容具有一定的目的性，这对于打破陈旧的、以竞赛为目的的教学内容编排体系也非常有利，从而保证学生能够学到比较多的体育教学内容。

方法三：根据机体活动能力分类

以人体的基本活动能力为依据进行分类，就是根据人类具有的走、跑、跳、投、攀登、负重等基本活动能力，从而对所有的运动项目、身体练习按照这一标准进行分类。根据人体基本活动能力对体育教学内容进行分类的优点在于，有利于促进有目的、有针对性地对学生的基本活动能力进行培养，并且不会受到正规体育运动项目规则的限制，有利于在从组合教学内容的基础上来对学生的各种身体动作和基本活动能力进行发展。

方法四：根据身体素质内容分类

身体素质主要是指人体的运动能力，主要包括力量、速度耐力、灵敏、柔韧等基本身体素质。体育教学的主要目标之一就是帮助学生增强身体素质。因此，根据身体素质对体育教学内容进行分类是一种非常重要和普遍的分类方法。具体来说，根据身体素质内容进行分类，可以根据速度、力量、耐力、灵敏、柔韧，或者根据与动作技能相关的体能分为速度、力量、灵敏、协调、平衡、反应等，也可以根据与健康相关的体能将身体素质分为心肺耐力、柔韧性、肌肉力量、肌肉耐力、身体成分等，可以将这样各个不同运动项目的身体练习进行完全不同的分类组合。该分类方法既有优点又有缺点，优点在于有利于学生正确认识各种体育运动项目与身体练习并促进学生体能素质的全面发展，同时，还能够有目的、有针对性地使学生的体能获得非常大的进步。缺点在于，由于在体育运动项目当中，许多项目并不是以提高某一方面身体素质为前提的，因此对待这类项目时这种分类显得比较模糊，而且这种分类在学生对体育教学内容文化特性的认识上可能会使学生产生误区，即体育学习主要是体能素质提高，容易忽视体育理论知识学习和体育专项技能学练。

方法五：根据体育运动项目分类

根据运动项目对体育教学内容进行分类是一种非常普遍的分类方法，在体育教学中应用较为广泛，该分类方法具体是按照各个运动项目的名称和内容而进行具体的系统分类，大致可以分为球类、体操、田径、武术、体育舞蹈、冰雪运动、水上运动等。根据运动项目对体育教学内容进行分类便于学生明确了解学习内容，对于学生了解和掌握体育运动文化具有非常大的帮助。但是应该充分认识到，该分类方法对一般学校体育常设体育项目教学并无不良影响，但是对并没有被列入正规体育比赛的项目当中的一些运动项目容易忽略，而且在正式比赛的项目当中，很有可能由于规则、技能等方面具有相当高的水平，使教学内容与学校体育教学不相符，因此，需要对竞技性过强的体育项目教学内容进行适当的加工、改造，使其与学生的生理发展和心智发展水平相符，这对体育教师对体育教学内容的加工、改造能力具有较高的要求，如果体育教师的能力有限而强行加工和改造教学内容，则很有可能导致原有体育教学内容的性质发生变化。

方法六：综合交叉分类

综合交叉分类是一种将基本部分与选用部分、理论与实践教学内容、各项运动的基本教学内容与提高身体素质练习教学内容等相互交叉的综合分类方法。从分类角度来讲，综合交叉分类与一般事物分类原则相违背，不是用同一标准对体育教学内容进行衡量的。但是，采用综合交叉分类对体育教学内容进行科学分类，能够准确地将不同学生的不同年龄阶段身心发展特点和对学生学习的基本要求反映出来，对达成体育教学目标有非常突出的作用，在有助于保持运动项目的固有特点和系统性的基础上，同时增强学生进行身体锻炼的实效性，从而在体育教学内容的运用上使运动项目的技术和学生身体素质相联系，从而得到综合、全面协调的发展。

三、现代体育教学内容的构成要素

学生学习体育知识有利于其更深刻地理解体育对人类社会、对国家、对自己未来发展的重要意义，有利于学生科学从事体育健身实践、自觉参与各项体育活动。体育、保健原理与知识教学内容是体育教学的基础内容，通过该部分教学内容的学习，学生应掌握基本的体育常识，了解体育保健的相关原理，并能在日常生活实践中科学运用体育保健知识来指导自己的体育锻炼活动，提高体育锻炼的科学性、安全性。该部分教学内容应密切联系生活实践，并注意教学内容的系统性。切忌教学内容的支离破碎、简单无逻辑的知识罗列。当前，我国体育教学日益受到重视，学校体育教学内容丰富多彩。在我国各个高校开设的体育教学内容主要包括以下几个方面。

第一，田径运动。田径运动是体育教学的基本教学内容。它与人的走、跑、跳、投等基本活动能力有内在关系，所以被誉为"运动之母"。田径运动是体育教学内容最基本的部分，对于学生基本身体素质的提高和为学生参与其他体育活动可以奠定良好的基础。田径教学内容包括走跑、跳跃、投掷等几类运动项目内容，通过田径运动教学，学生应了解田径运动文化、掌握田径运动原理、掌握各类田径运动项目的运动技术，并能在课外科学地从事田径运动，为之后的田径专项学习和其他项目学习奠定知识和技能基础。

第二，球类运动。学校体育教学内容中的球类运动教学主要包括足球、篮球、排球、乒乓球、羽毛球、橄榄球、网球等球类运动项目的教学。球类运动教学的目的在于使学生了解球类运动概貌、认识球类运动的基本规律和特点、理解球类运动文化、掌握和提高球类运动技能。和其他教学内容相比，球类运动教学内容较为复杂，学生掌握球类运动技能、战术需要一个较长的时间并能付出艰辛的练习。在进行球类运动的教学过程中，教师应根据具体教学内容的逻辑顺序合理安排学生学习，如先进行技术学习，再进行战术学习；先学习战术配合，再学习战术实施，最后进行攻防转换。总之，球类运动教学内容的教学应建立在遵循球类运动特点、技能发展规律、学生认知规律和技能学习规律的基础之上进行。同时，在教学过程中，应注意教学方法的科学选用，以促进学生全面、准确地掌握教学内容。在整个教学过程中，还应注意将球类运动基本理论知识、球类运动技术、球类运动战术、球类运动竞赛等的教学充分结合起来。

第三，体操运动。体操的历史较为悠久，自人类进入文明时代后，体操就一直伴随着人类的发展。因此是体育教学的重要内容。现代体操运动包括技巧、支撑跳跃、单杠和双杠等。它是一项有助于发展个体的力量、协调、灵活、平衡等能力的运动，通过体操运动教学，学生应掌握体操运动文化与基本常识，了解体操运动的基本原理与特点，掌握基础的体操技术动作，并能在课余体育活动中进行一些实用性较强的体操技能练习，以提高自己的体能素质水平和体操技能水平。在体操教学过程中，体育教师对具体教学内容的选择应充分考虑到它的竞技、心理、生理等方面，力求将这些方面在教学过程中充分体现并全面地呈现给学生，使学生能够通过体操内容的学习来增强体质、提高运动能力。在教学中，体育教师应注意动作难度、幅度、改变动作连接方式、运动负荷等的循序渐进。

第四，民族传统体育。民族传统体育是我国优秀体育文化的重要组成部分，是我国体育教学区别于西方体育教学的一个重要内容。我国民族传统体育传承发展了五千年，内容丰富、种类繁多，民族传统体育纳入高校体育课程教学是传承我国民族传统体育文化的重要和有效途径，我国民族传统体育项目具有丰富的文化内涵，学生通过对该部分教学内容的学习，能有效实现强身健体、调节心理、养生保健、技击防卫等目的，同时，对于学生增强民族自豪感和民族自尊心也具有重要的促进作用。具体来说，了解民族传统体育中的礼仪文化、道德内容，培养学生的爱国精神、民族自尊心，使学生能保持足够的学习热情，掌握几项技能以养成终身体育锻炼的习惯，并能为民族传统体育文化的传承培养更多的接班人。在体育教学中，学生学习我国民族传统体育内容需要付出比其他项目更多的耐心，这主要是因为我国民族传统体育对学生的身体素质要求较高，尤其是武术基本功的练习需要学生具有扎实的基本功基础，否则就不能完成一些具有难度的技术动作和套路练习。民族传统体育教学应分配较多课时。特别需要注意的是，我国民族传统体育项目内容来源于人们的日常生产生活，与生活习俗、民族风情等息息相关，因此，在教学中，体育教师应注意突出我国民族传统体育教学内容的文化性、范例性、实用性，特别重视民族传统体育教学内容的文化背景和意义的阐述，为我国民族传统体育的可持续发展营造良好的文化氛围，并培养一批优秀的文化传承人。

第五，韵律运动。韵律运动包括健美运动、民间舞蹈、健美操、体育舞蹈、韵律操、艺术体操等内容。教学目的在于改善学生的体态，培养学生的动作节奏感和肢体表现力。在体育教学实践中，安排韵律运动的教学，应注意从韵律运动的特点入手，通过学习使学生了解韵律运动的舞蹈、音乐理论基础和特点，提高学生的审美意识和审美能力，并通过技术动作练习提高学生肢体的艺术表达能力，并注意在韵律运动的练习过程中培养学生的自我创造意识和创造能力。

四、体育教学内容的选择

体育教学内容有宏观和微观之分，这为地方和学校具体体育教学内容的确定提供了必要的参考，同时给予了非常大的自由性。我国幅员辽阔、民族众多，形成了丰富多彩的地域体育文化、民族文化。不同地区的学校在选择体育教学内容时，应充分考虑本地区、本民族的特点，选择具有地方特色的民族传统体育内容，一方面可以使学生产生亲切感，提高学生体育学习的兴趣；另一方面，有助于本地区体育文化的推广、普及和传承。在体育教学实践中，体育教师对任选体育教学内容的选用不是无章可循的，教师应在体育教学大纲的指导下、在充分分析学生身心发展特点的基础上，对本地区体育活动内容进行考察、筛选，选择具有代表性的、能促进学生身心发展的、有助于实现体育教学目的的体育运动项目，并在教学过程中注意充分体现出所选体育教学内容的文化性、地域性、民族性、可操作性和实用性。

体育教学内容选择是现代体育教学设计的核心问题，因此，选择应准确、科学、得当。

（一）体育教学内容的选择依据

1. 体育课程目标

体育课程目标是体育教师在教学工作中必须始终牢记的一个内容，在选择体育教学内容时应对备选的教学内容进行筛查，或者直接根据体育课程目标去寻找合适的教学内容。课程目标是选择教学内容的重要依据。体育教学内容是实行体育课程目标的重要手段，要促进课程目标的实现，就必须选择与之对应的教学内容，这是毋庸置疑的。体育课程目标编制过程中，在每一个阶段内都作为教学内容的先导和方向，所以它经过了多方专家的合理思考验证，对各个方面的影响都进行了认真合理的验证。体育课程目标具有多元性的特征，体育运动项目和身体练习也具备可替代性的特征，体育教学内容丰富，应从中选择出最能实现体育教学目标的一部分教学内容来。

2. 客观教学规律

体育教学内容的选择应符合体育教学的客观规律，在不同教学阶段选择不同的体育教学内容。体育教学内容的选择应符合学生身心发展规律、学习认知规律、技能形成规律等。体育学习需要学生的主动参与，而主动参与就是说，学生自身积极和努力是必不可少的。通常学生如果面对感兴趣的事情，那么其参与的动力就会大大增加，学习的效率也将倍增。因此，对体育教学内容进行选择的一个必要的因素就是学生对于体育的需要和兴趣，以便于充分调动学生学习的积极性与主动性。教学初期应选择娱乐性较强的体育教学内容，教学过程中应注意多样化的体育教学内容的选择。体育教学活动的主体是学生，教学内容选择应符合学生的生长发育、技能发展的客观规律。具体来说，在选择体育教学内容时，学生的需要是必须要考虑的。体育教学以促进学生身心发展为目的选择相应的体育教学内容。

3. 学生发展需要

学生是体育教学的对象，体育教学内容必须使学生可以接受，并且产生兴趣。所以进行体育教学内容的选择时，学生的特点就决定着教学内容当中的各项要素。绝对不能忽略学生的实际情况。体育教学内容应能满足每一个学生的体育发展需要，通过体育学习，使每一个学生都能有不同程度的发展。

4. 社会发展需要

学生的个体发展无法脱离社会的发展。因此，体育教学能够在健康方面为学生打下良好的基础，所以在进行体育教学的内容选择时，除了要考虑学生本身的需求外，社会现实发展的需求也必须被考虑进去。社会是学生实现自我价值的最终归宿，体育教学内容必须能够满足学生在社会上发展当中各方面的需要。除此之外，体育教学内容必须做到与社会生活和学生生活联系在一起，这样才能让学生体会到它的作用，促使其功能得以实现，因此，体育教学内容的选择与社会实际是否相符是非常重要的。

(二) 体育教学内容的选择原则

1. 教育性原则

进行体育教学内容选择的时候，应始终坚持体育教学育人的根本目的和任务，充分体现体育教学内容的教育性。

第一，体育教学内容选择应从教育的基本观点出发，分析其是否与教育的原则相符。

第二，体育内容选择必须与体育课程的主要目标相匹配，确立"健康第一"的指导思想，并以此作为体育教学内容当中最基本的出发点。

第三，体育教学内容选择应看重彰显文化内涵，在学生学习体育技能的同时更能深刻体会到体育文化修养带来的益处。

第四，体育教学内容的选择应考虑对学生品德、智力、体质等方面的全面发展是否有利，对不同学段学生的发展特点和规律都要充分考虑到，其个体差异与不同需求将会在其中起到很大的作用，确保每一位学生受益。

第五，体育教学内容选择应与社会的固有价值观同步，有利于满足现代社会对学生的发展要求。

2. 科学性原则

科学性在体育教学内容的选择中具有十分重要的作用。体育教学内容选择是否科学直接关系到教学的效果与质量、教学目标的实现及学生的发展。

第一，体育教学内容的选择必须有利于学生身心的协调共同发展。对虽然有利于学生身体健康，但对于学生的心理健康并不合适的教学内容应摒弃，反之亦然。教学内容的选择必须使学生身心均有所发展。

第二，体育教学内容要使得学生能够从根本上对科学锻炼的原理和方法有一个深入地了解，增加学生从事体育锻炼时的自觉性和积极性。

第三，体育教学内容本身的科学性。科学性不足的新型体育项目不应进入课堂。

第四，体育教学内容的选择应与学校的具体实际相结合。

3. 趣味性原则

兴趣是帮助一个人学习的最好的老师，学生学习体育基本知识在很大程度上受其体育兴趣的影响，体育学习兴趣是决定学生体育学习的主导力量。因此体育教学内容的选择应注意突出趣味性。一方面，对竞技性强的教学内容应予以摒弃或进行健身性改造。大多数竞技运动项目的健身价值和教育价值是不可低估的，但是，教师过度关注竞技运动项目教学的系统性和完整性，用培养运动员的方法进行体育教学，会导致很多学生厌恶体育课。另一方面，要根据学生的各方面特征尽量选择他们感兴趣的、有趣味的内容。在选择体育教学内容时必须充分考虑学生的兴趣。

4. 实效性原则

所有对学生健康有利的教学内容都是教学内容选择的良好范围。实效性，具体是指体育教学内容应具有实用性、简便易行、有助于学生身心健康的有效发展。国家相关文件在教学内容的改革中，强调要改变教学内容当中的"难、繁、偏、旧"以及教学过程过度地偏重书本知识的现状，体育教学内容应避免该方面内容。体育教学内容的选择一定要兼顾选择与学生自身的体育学习兴趣和经验相接近的以及大众喜欢的、社会上比较普及的，加强学生生活与现代社会和科技发展之间的联系，同时强调运动项目的健身娱乐效果，为学生的终身体育奠定基础。

5. 适应性原则

体育教学内容的选择过程中，体育教师应充分考虑所在地区及所在学校的气候、地理、经济、文化等条件，选择的体育教学内容具有付诸教学实践的可能。

6. 民族与世界结合原则

体育教学内容应体现民族性、符合我国实际，同时要与世界体育发展接轨，建设体育强国。民族的就是世界的。不能对自己民族的东西盲目自信，但同时更不能有崇洋媚外的思想。体育教学内容的选择就应该与时俱进，体现当今时代中国的特色。总之，体育课程内容的选择要在保留我国民族传统体育当中精华部分的同时，对国外好的课程内容有选择地加以借鉴吸收。将一切优秀的体育文化都能纳入到体育教学中去。

五、体育教学内容的加工与开发

（一）体育教学内容的加工

1. 体育教学内容的加工要求

首先，应当考虑学生基础。对体育教学内容的加工应充分考虑学生的基础，如认知能力、理解能力、身体条件、机体承受能力等，使体育教学内容的加工与学生情况相符合，使学生通过体育教学内容的学习能切实促进身体生长发育和心理健康发展。

其次，应当满足学生需要。满足学生需要是体育教学内容加工的一个重要要求，在体育教学过程中，学生是教学的主体，不能只考虑体育教学内容本身的难易程度，还应考虑体育教学内容的多少、逻辑性是否能满足学生学习和发展的需要。

最后，应当符合加工要求。对体育教学内容进行加工处理，目前主要采取两种方法，螺旋式排列和直线式排列，以整合出新的体育教学内容。不论是哪一种排列法，都需要注重不同的体育运动和身体练习的特征。螺旋式排列强调相同教学内容在不同年级或水平重复出现的阶段性提高，直线式排列指学习了一个运动项目或进行了某种身体练习后，不再重复出现。两种排列不可交叉，否则就会影响教学效果。

2. 体育教学内容的加工程序

第一，审视教学观点。体育教学内容的选择应从社会的生产生活以及教育、科学等发展的实际出发，充分考虑社会发展对人类健康的要求，分析和评价现有的体育教学内容。观察教学内容对学生进行锻炼、增进健康、思想品质培养是否有利。将与教育要求不相符，也不利于学生身心健康的内容舍弃。

第二，整合教学内容。依据不同学段学生身心发展的特点进行选择，对体育教学内容的功能进行分析，并整理合并具体的体育运动项目和身体练习，进而作为形成体育教学内容的基本素材。

第三，确定课程内容。结合学校条件和学生情况确定体育项目，并对体育项目的具体练习内容进行加工处理，在体育教学中，可供体育教学内容作为素材的体育运动项目和身体练习是非常多的。然而，体育教学的时间有限，因此要对具体的内容进行整合、取舍，使最终的教学内容最有利于实现体育教学目标和促进学生发展。

第四，可行性分析。在选择体育教学内容时，要分析教学内容实施的可行性。这主要是因为，体育教学实践受地域、气候条件等诸多因素影响，某一教学内容在某一个地方适合，而在另一个地方却不适合，在选择时，一定要为各地、各校选择和实施体育教学内容留下足够的余地，保证在实际体育教学中的执行弹性。

（二）体育教学内容的开发

体育教学内容的开发，旨在寻找更丰富、更适合体育教学实际和有利于促进体育教学目标的教学内容，一般应从以下几个方面着手进行。

第一，延续传统体育教学的内容。现代体育教学内容丰富，在长期的体育教学改革过程中，一些体育教学内容被保留和传承下来必然有其科学性的存在，这一部分教学内容能切实促进学生身心发展，符合体育教学课程目标要求，具有良好的学生基础，因此对这部分体育教学内容应予以保留，只是在体育教学过程中，可以通过改变教学模式、教学方法、教学手段等进行体育教学创新，更进一步地体现该部分体育教学内容的教育性、趣味性、健身性、科学性、社会性。

第二，参考上级课程文本的建议。所谓上级课程文本，具体是指"国家教育行政部门规定的统一课程和教学内容，它体现国家的意志，是专门为未来公民接受基础教育之后应该达到的共同体育素质而开发的体育课程和教学内容"，上级课程文本具有导向性和政策性，它充分考虑到了各地的不同情况，给地方、学校、体育教师一些自由的空间以及自由发挥的余地，因此，在选择教学内容时，各地方学校要在上级课程文本的建议下，有针对性地对本校现有体育教学内容进行丰富。

第三，修改上级课程文本的规定。我国体育教学课程文本对教学内容的规定是宏观的，这是充分考虑了各个地区以及学校的具体情况可能存在的不一致性，而实际上上级文本所涉及的教学内容也未必能考虑周全，在实际的体育教学过程中很有可能出现与本地、本校实际教学情况不符的情况，针对此类情况，应对上级课程文本规定的教学内容进行适当修改，前提是必须在领会和坚持上级文本精神和规定要求的基础上进行。

第四，改造传统体育教学的内容。对传统体育教学内容中不符合时代特点、学校和学生实际的内容进行有针对性的改造。随着时代的发展和体育教学的改革，一些传统体育教学内容已经无法适应学校体育教学的需要。因此，为了使传统体育教学内容更好地发挥其优势，以便为体育教学服务，需要对其进行适当的改造。具体来说，对某个具体的学校体育教学内容资源而言，从中提取一些要素，改变一些要素，增加一些要素或舍弃一些要素就可以形成一个新的体育教学内容。如降低难度、简化规则、游戏化、实用化、生活化等。

第五，引进新兴的体育教学内容。体育运动是不断向前发展的，体育教学也应是不断向前发展的，在发展过程中，必然会有新的体育运动项目和新的体育教学内容出现。近年来，为不断丰富体育教学内容，一些体育教师尝试将一些新兴的体育运动项目纳入到学校体育教学中来，如街舞、瑜伽、拓展训练等，这些新兴的体育运动项目引起了广大学生的学习兴趣和好奇心，使体育教学收到了不错的效果。因此，引入新兴的体育运动项目是切实可行的，能为体育教学注入新的活力，有助于激发学生体育学习的热情。社会进步令体育运动更加丰富多彩。学生更加追求新鲜的体育项目，所以体育教学内容也要注重推陈出新。我国多民族的特性决定了各个民族都有出色的民族特色体育项目，这些民族项目既各具特色，又有良好的健身价值，在体育教学内容的选定中应适当根据具体情况加以选用，以突出体育与健康课程内容的时代性。需要注意的是，体育教师在引进现代的新兴运动项目，需要注意依据现有的原理、规则、方法、场地器材条件等，要考虑新的教学内容是否与本校条件和学生发展相适应。

第二节 高校体育教学内容体系的构建过程

一、体育教学内容体系的构建思路

《新课程标准》充分重视了各阶段内容的衔接和体育知识系统化问题，对学生在体育教学过程中学习的递进性和知识的系统性进行了充分考虑，在课程目标上进行了一些新的描述。例如，在球类与体操学习目标的表述中，水平四的目标为"基本掌握一两项球类运动中的技战术""完成一两套技巧项目动作或器械体操动作"；水平五的目标为"较为熟练地掌握一两项球类运动中的技战术""较为熟练地完成一两套技巧项目动作或器械体操动作"。从"基本掌握"和"完成"到"较为熟练地掌握"和"较为熟练地完成"。但是，如果水平四与水平五学习的球类项目不同，体操内容不是同一类器械体操内容，则无法保障从"掌握"到"熟练掌握"的递进式发展，各阶段教学水平就不能实现一致性，无法保证采用"大循环"排列方式实施体育教学内容，进而无法保证学生运动技能掌握的系统性。

为了使学生通过体育学习切实掌握一两项体育运动技能，体育教师必须科学选择教学内容，实现体育教学内容的系统性，具体来说，就是从国家体育课程教学内容中选择适合本地区教学情况的各年级、水平阶段适中的体育教学内容，充分保障教学内容选择的灵活性与规定性；使学校体育教学内容形成一个严谨、灵活的内容知识系统，从而促进学生循序渐进地、系统地学习体育教学内容。

二、体育教学内容体系的框架构建

首先，体育教学内容体系构建应当具有逻辑性。体育教学目标与体育教学内容关系密切，这是一个常识性问题，在本章内容前面部分也反复强调过。体育教学内容的逻辑性应充分参考不同体育课程教学目标的阶段性要求，坚持"目标统领内容"的理念，课程目标的阶段性、逻辑性对体育教学内容不同阶段的选择具有重要的指导作用。在体育教学实践中，不同教学阶段的体育教学目标不同，高年级的体育课程教学目标与低年级的体育课程教学目标之间是递进的关系，因此不同教学阶段的教学内容选择也应是由少到多、由表及里、由简到繁的递进过程。各个阶段性课程目标引领着与之相适应的体育教学内容。体育课程目标指导下的体育教学内容要尊重机体适应规律、技能发展规律、学习认知规律、符合学生不同阶段的体能素质发展的敏感期，这是学校体育教学内容体系构建逻辑性的重要意义所在。

其次，和体育内容一样，体育教学内容丰富，看似庞杂无序，但是深入研究体育教学内容的多条逻辑线可以发现，通过对体育教学内容各要素的控制，可以实现不同阶段学生所学习的体育教学内容难易适度，进而在整个受教育时期，实现教学内容学习的递进性，促进各方面素质的系统性发展。蔺新茂和毛振明等学者结合学生学习体育教学内容的递进性和系统性，提出了一个相对完善的与学校体育课程的目标相匹配的体育教学内容体系。

三、学校体育教学内容体系的构建说明

（一）体育教学内容体系的逻辑说明

由基础到提高、由部分到完整，共有三条逻辑线。

基础类技术体育教学内容，提高类、拓展类体育教学内容、终身体育教学内容三类体育教学内容之间是基础与提高的关系。从对上述三类体育教学内容的逻辑关系分析来看，在各类体育教学内容中，三类内容的每两个相邻的体育教学内容之间均具有技术基础性和技术提高性的递进关系，而不同学段、级段在选择和排列体育教学内容时，应遵循这一逻

辑关系，体现不同阶段体育教学内容的阶段递进性。

（二）体育教学内容体系构建的基本要求

现阶段，要保证体育教学内容的系统性、完整性，促进学生对体育运动技术的有效性掌握，以为其参与终身体育奠定必要的技能基础，应在教学内容体系构建中明确以下三个方面的要求。

首先，在国家层面，体育教学课程管理体制必须制订出明确的课程目标，使学校体育课程目标切实为学校体育和体育课程服务，并以此为指导科学选择体育教学内容。

其次，在地区层面，各地区在选择规定体育教学内容时，必须充分考虑各地区的大众体育特色、传统体育优势，同时结合国家体育事业发展和地方体育发展的需要，在体育教学内容的选用方面能充分体现地方特色。

最后，在学校层面，学校对体育教学内容的科学选择和使用，应根据学生的年龄和学习特征进行，同时要在教学内容选择上尊重体育教学内容自身的技术逻辑和技术教学的规律，保持体育教学内容选择的灵活性，使之始终遵循客观教学规律。

第三节　高校体育教学内容体系的改革发展

一、体育教学内容改革的方向

①改变体育教学内容的体育锻炼和达标相统一的趋势。
②解决体育教学内容与学生社会体育活动之间的差距。
③解决体育教学中与体育教学内容难度有关联的"教不会""教不懂"的问题。
④解决学生因体育教学内容缺乏娱乐性而排斥体育课的问题。
⑤解决乡土教学内容开发不足的问题。
⑥解决体育教学内容民族化的问题。

二、体育教学内容改革的建议

①以学生为本，体育教学内容的选用应更多地从学生如何学以及他们兴趣的角度出发。
②实现教学内容选择的自由性。改变体育教学内容规定过死的现象，扩大教学内容弹性，使地方学校和教师对体育教学内容的选择、设计更具灵活性。教学内容应范围广阔，让学生和教师选择体育教学内容的权限更宽广。
③逐渐淡化竞技运动的技术体系。
④重视女性教育，适当增加女生喜爱的韵律体操和舞蹈内容。

三、体育教学内容改革新体系

体育要做到与学生的日常生活相结合，与社会发展相结合，在新的体育教学改革方针指导下，体育教学内容改革强调内容的丰富性与实效性，一般认为，体育教学内容新体系应当包括身体教育、保健教育、娱乐教育、竞技教育和生活教育等五个方面。具体分析如下。

第一，身体教育。身体教育是指以健身为目的的体育教学。身体教育的目标是要提高人的各项基本活动能力。学校体育的本质决定了学校体育必须为提高学生的体质健康水平服务。"健康第一"是当前体育教学的重要教学指导思想和理念，因此，体育教学要重视学生健康素质水平的提高，重视学生身体成分、肌肉力量、有氧耐力及柔韧性等与健康相关的运动素质的发展。

第二，保健教育。保健教育与学生的健康生活息息相关，具体是指在学习相关体育知识的过程中确保学生的安全和健康，这其中生理和保健知识也是必不可少的。在体育教学内容中必须重视运动处方的理论和实践，从而将保健教育和体育教学结合起来。为学生成为一个健康的人奠定了重要的理论知识基础。

第三，娱乐教育。娱乐教育是新时期提高学生体育学习和参与积极性及主动性的必然要求，是体育教学内容发展的一个重要内容，应该得到重视。体育教学内容中的娱乐教育可以非常灵活地结合在社会的每个角落。每个人每个民族的娱乐体育活动都是丰富多彩的，因此促使它成为体育教学内容，是一种有益的选择。因此，应在学校大力推广我国民族传统体育。现阶段，开设民族民间体育，如武术、踢毽子、荡秋千、爬竹竿等，扩大学校体育资源与体育课程资源，丰富学校体育的内容，对促进我国传统体育文化传承与发展具有重要意义。

第四，竞技体育。竞技体育主要是以专项运动项目为主要内容的教学内容，在过去政治因素影响下，竞技体育一直是学校体育发展的重点，之后随着国家对体育教学"健康第一""以人为本""终身体育"的强调，竞技体育在学校的地位有所降低，但仍是学校体育的重要教学内容。竞技体育是社会体育文化的重要组成部分。在增进学生健康，培养学生的运动兴趣，提高学生的运动技能，培养学生积极进取的人生态度，增强竞争与协作精神、团队意识、心理调节能力、责任感等方面具有重要作用。但在教学过程中切忌照搬对运动员的要求而进行体育教学，应针对在校学生进行加工、改造、处理，适应学生实际情况和需求。

第五，生活教育。生活教育在这里指防卫训练、拓展练习、冒险教育及健康生活教育。社会发展影响着每一个人,城市化发展的加快使人们渴望接触自然,因此很多学生希望亲近大自然。而这种追求,在体育教学内容方面又可以有新的选择。

四、体育教学内容的未来发展趋势

(一) 以学生为主

体育教学内容的选择与确定将受到各个方面的制约。在过去的体育教学大纲中,体育教学内容的选择与确定往往更重视教育工作者对于教学内容的价值取向,因此重视的仅仅是教师的教。随着体育教学改革的不断进行,目前,体育教学逐渐摆脱了传统的以实现体育教师的教学去选择体育教学内容的做法,而逐步转变为教学内容的选择服务于学生的学习,从学生的实际情况出发,以实现学生对体育教学内容的价值取向。

(二) 多样化发展

以往传统体育教学中,教师对体育教学内容的选择往往是简单地依据体育教学目标进行,或者是将体育运动中的运动项目直接地移植到体育教学内容中。这样的体育教学内容的选择过程是不利于体育教学发展的。在体育教学理念和创新理念指导下,未来的体育与健康教学大纲中,有关体育教学内容的选择,更加注重寻找体育学科内在的一些规律,体育课程中挑选的内容往往都是学生喜欢的,有利于促进学生发展的、富有时代性的。

(三) 加强综合素质

在传统体育教学理念和模式下,以往的体育课程大都是以提高学生跑、跳、投等身体素质为目的的一种体能达标课。重视基础性,但发展性不足。新时期,社会需要全方面发展的人才,新的体育教学改革强调素质教育,因此对于学生素质的全面发展(身体、心理、智能、社会适应能力等)肩负着无比重大的责任。在体育教学内容方面,这项内容的选择与确定,同样要符合素质教育的要求,使学生的生理健康、心理健康以及社会适应性等均有所发展,为学生在社会中实现自我价值奠定了良好的发展基础。

(四) 重视终身体育

我国传统体育教学内容更多的是体育竞技内容,重视学生竞技能力的发展,目的在于培养运动员,忽视学生的身心健康发展,过度强调竞技性。现阶段,学校体育为终身体育打基础,使学生树立终身体育意识,实现终身体育目标已成为体育教学的一个重要的发展趋势。而终身体育目标的达成则取决于学生参加体育所需的技能、知识和态度。体育教学内容的选择应处理好健身性、运动文化传递性和娱乐性之间的关系,将生活中常见的具有健身价值和终身运动性质的运动作为体育教学内容。学校体育教学中,教师通过对学生日常生活、学习息息相关的体育活动的参与引导,使学生养成参与体育锻炼的习惯,将体育运动纳入自己的生活，并坚持终身参与。终身体育是人类自身和社会发展的必然。

在不同体育内容对学生素质培养的研究中，野外生存与拓展训练集挑战性、冒险性、趣味性和实用性等特点于一体，对于学生的综合素质培养具有重要的意义和作用，因此，这两方面内容在学校体育教学中比例的增加将是我国体育教学的一个重要发展趋势，在未来学校体育教学发展中必将越来越受到重视。

第三章

高校体育教学方法

作为实现体育教学目标、开展体育教学活动的主要途径和手段，体育教学方法的体系建设与体育教学目标实现的程度有着直接的关系，体育教学方法的科学性与创新性对体育教学的质量也有着决定性的影响。鉴于体育教学方法的重要作用，本章特对现代体育教学方法体系的建设与发展进行了探讨与研究，重点探讨的内容有体育教学方法的基本知识、常见体育教学方法及科学选用、体育教学方法体系的构建及其创新发展。

第一节 高校体育教学方法的内容与选择

一、体育教学方法的基本内容

（一）体育教学方法的时代发展

体育教学方法是在体育教学现象出现以后才产生的，但这并不意味着其产生于课堂体育教学之后。在民间传统体育的传授过程中，一些教学方法就已经得到了普遍的应用，只是当时人们对教学方法还未形成一个科学和系统的认知，因而没有对其进行深入的研究。所以，现代意义上的体育教学方法是在现代体育教学产生以后才出现的，其时代性特点较为突出。我们可以将体育教学方法的发展历程分三个阶段来研究，具体如下。

1. 体操和兵操时代

在传统社会中，体育运动发展的一个重要助推力就是军事战争。在封建社会和资本主义社会的早期，为使士兵的作战能力不断提高，会要求士兵进行体育运动方面的训练。这时体育教学方法以训练式和注入式为主，相对而言比较单调。训练式和注入式的传统教学方法对大运动量的不断重复作了特别强调，主要就是通过苦练来增加士兵的运动记忆，并促进其体能的不断增强。

2. 竞技运动时代

近代以来，竞技运动随着资本主义社会的不断发展而得到了快速的进步与发展，竞技运动项目在近代的大量增加是其快速发展的集中体现。这一时期竞技运动以公正、平等为指导思想，并且将众多的文化因素融入其中，表现出了勃勃的生机和充沛的活力。竞技运动的发展对运动员的运动技能提出了较高的要求，而如果只是一味地苦练并不能与这一要求相适应，因而改进体育教学方法势在必行。这一阶段，体育教学效率有了明显的提高，一些新的体育教学方法如演示法、观察法以及小团体教学法等开始逐步出现。

3. 体育教学时代

随着体育运动在现代社会的不断发展，其日益成为学校教育的重要组成部分。作为一种文化现象，体育的内容也得到了极大地拓展，健康教育、心理训练、安全教育、体育咨询、体育培训等方面的知识在体育运动中都有涉及，体育的知识和技能都得到了快速且全面的发展。体育教学内容的丰富与拓展直接推动了人们对体育教学方法研究的不断深入。体育教学方法的深入研究要求学生要对相应的体育知识和技能加以掌握，要求学生全面发展，即身体素质、心理健康、运动欣赏能力等都得到提高与发展。现代社会，科学技术的发展也取得了大量的成果，因而直接促进了一些新的体育教学方法的产生。计算机、录像、电影等多媒体技术的发展，使得运动表象和感知等方法得到了快速的深化发展。至此，现代体育教学方法的发展向着科学、规范、更高层次的方向迈进。

需要强调的是，新的体育教学方法的产生与发展并不意味着传统体育教学方法的消失。在不同的时代背景下，都会有与这一阶段生产力和科学文化水平相适应的体育教学方法出现。这些新的顺应时代发展潮流的体育教学方法与传统体育教学方法相互结合，相互借鉴，共同推动体育教学的改革与发展。体育教学方法是随着时代的变革而不断发展的，而且随着教学环境、教学对象和教学内容等教学各要素的发展，体育教学方法也逐渐呈现出不同的阶段性发展特点。

（二）体育教学方法的概念

教学方法是师生为实现课堂教学目标和完成教学任务而采用的教学活动的总称，它是一种行为或操作体系，包含着教师的教和学生的学两个层面的具体方法。体育教学方法就是实施体育活动所有的手段和方式的总和，我们可以从以下几个方面来理解体育教学方法的概念。

1."教"与"学"的统一

体育教学方法体现了教与学的统一，只有通过师生间的双边互动，才可以将体育教学方法的价值与作用更好地发挥出来。我们可以将体育教学活动简单地理解为两个方面的内容，即"教师的教"和"学生的学"，体育教学活动中，教师和学生都是以主体的角色发挥作用的。教师在体育教学中选用具体的教学方法和手段都是以学生为主要对象的，教师和学生之间的关系极为密切。只有在师生的双边互动中，体育教学任务和目标才能得以顺利实现。因此，教和学两方面的内容贯穿于体育教学方法实施的整个过程中。

2. 师生动作和行为的总和

体育教学方法的贯彻与实施是在师生互动中实现的，体育教学方法也是师生行为动作总和的体系。体育教学方法与其他科目教学方法的主要不同之处在于，体育教学方法不仅对教学语言要素较为重视，而且对动作要素有突出强调。在体育教学过程中，学生掌握各种动作都离不开教师的讲解、示范以及纠正，只有在此基础上，让学生重复进行练习，才能对相应的技术动作进行准确且熟练地掌握。所以说，体育教学方法是教师和学生双方动作和行为的总和。

3. 教学方法和教学目标密不可分

所有的体育教学方法都具目标性，如果没有明确的目标，那么体育教学方法的存在就毫无意义，因而其作用也就无法发挥。体育教学方法与体育教学目标之间具有密切的联系，教学方法的选择与实施主要就是为实现体育教学目标和任务而服务的。体育教学方法和体育教学目标之间具有不可分割性，如果强行将两者割裂，那么体育教学方法则失去了明确的方向，在具体的运用中就会表现出一定的盲目性。反过来，如果体育教学目标与任务没有体育教学方法的贯彻实施，也将无法顺利实现与完成。

4. 功能具有多样性

现代体育教学不仅注重学生动作和技术的掌握，以及各方面身体素质的增强，它更加注重学生的全面发展。因此，体育教学方法的功能也具有了多样性的特点，多功能的体育教学方法不仅能够在一定程度上促进学生运动能力的增强，还能够促进学生思想道德品质、心理素质等方面的发展，这对于学生的全面发展具有积极的意义。

（三）体育教学方法的构成

构成体育教学方式与方法的要素有很多，主要可以归纳为以下几个方面。

首先，目标要素。体育教学方法必须要有一个指向的教育目标，目标作为体育教学的基础，没有它也就没有方法可言，教学方法主要是为教学目标而服务的。

其次，语言要素。语言要素包括多种形式的语言，如口头语言、肢体语言等。

再次，动作要素。动作要素包括身体各种运动动作。在体育教学的本质中提到过，体育是以人的身体训练为手段的活动，所以身体训练是必不可少的。这是体育区别于德育、智育的主要特点。

最后，环境要素。环境要素包括学校的地理位置以及气候、风土等自然现象，此外，还包括配合教学活动而采用的体育器材与场地设施。

（四）体育教学方法的特点

1. 互动性

任何一种体育教学方法都是教师指导学生学习这一双边活动的方法。它是由教师教和学生学组合而成的。具体来说，在体育教学方法的实施过程中，教师教的方法会对学生学的方法具有一定的制约性影响，学生学的方法也会对教师教的方法产生影响。所以，师生在体育教学活动中相互联系、相互作用和相互统一的特点在体育教学方法中有着充分的体现，我们不能错误地将体育教学方法理解为教师教的方法与学生学的方法的简单相加。

2. 参与性

在体育教学过程中，所有参与者都必须将自身的各种感觉器官充分调动起来。在教学活动中，教师和学生不仅要通过视觉与听觉来对信息进行接收，还要在中枢神经系统的指挥下，运用身体的触觉、位觉、动觉等来进行动作的示范和练习，通过本体感觉来对机体在做正确动作时动作的用力大小、运动方向、动作幅度等进行感知，以对正确的动作定式进行体会，从而对机体完成动作进行更加有效地控制。这些也都充分体现出了体育教学方法的多感官参与性特点。

3. 组合性

体育教学活动中，学生需要动员多种感官来接收教师发出的信息，这是由体育教学目标和教学程序共同决定的。学生利用大脑皮层对教学信息进行接收，并经过大脑的分析、加工和处理后以指令的形式对机体进行指挥，从而使机体顺利完成相应的动作。在这个过程中，学生需要充分运用感知、思维，并进行不断地练习，感知是学习的基础，思维是学习的核心，练习是学习的结果。体育教学方法将感知、思维和练习三个环节紧密结合在一起，将体育教学过程的认识与实践、心理与身体有机结合的特点充分体现出来。

4. 交替性

在体育教学活动中，个体的身体活动和心理活动之间有着非常紧密的联系。学生通过感知动作及思考、记忆、分析等心理活动对动作技术和运动技能进行掌握。在教学过程中，学生生理和心理难免会承受一定的负荷，当这种负荷持续不断地作用于学生的机体后，学生必然会产生运动性疲劳。疲劳现象会使学生的学习兴趣和学习效率降低。所以，教师要对体育教学方法进行合理的采用，对运动锻炼的间歇时间做出合理的安排，要做好运动与休息的科学调配，唯有劳逸结合才能提高教学效率。

5. 继承性

体育教学方法具有历史继承性。在长期的体育教学实践中，人们为了促进教学实效性的提高，对教学方法的探讨与研究非常重视，并且积累了较为丰富且宝贵的实践经验。有些教学方法是体育教学客观规律在一定程度上的反映，至今仍具有广泛的影响力，值得我们对其进行认真的总结与整理，并对其合理的部分进行借鉴。任何新的体育教学方法要绝对地从零开始都是不可能的，它必然是借鉴多方面传统教学方法的结果，并在新的历史条件下将新的内容赋予其中，使其具有更新的意义与更显著的价值。

（五）体育教学方法的分类

当前，学校体育理论界针对体育教学方法提出的分类方法越来越多，而且越分越细。划分依据不同，体育教学方法的类别自然也就不同。

（六）体育教学方法的层次

体育教学方法具有一定的层次性，它主要包括体育教学策略、体育教学方法和体育教学手段三个层次。

第一，教学策略。教学策略在体育教学方法层次中，居于"上位"层次，它是体育教学方法在广义范围上的概念，是传统定义中教学方法的组合，是教师通过组合多种方法和手段进行教学的行为方式。通常也可以将体育教学策略称为体育教学模式或方式，单元和课程的设计与变化是体育教学策略的集中体现。例如，发现式教学法作为一种广义的教学方法，由模型演示、提问法、总结归纳法、组织讨论法等多种传统定义的教学手段组合而成。

第二，教学方法。教学方法在体育教学方法的层次系统中，居于"中位"层次，它是体育教学方法在狭义范围上的概念，基本与传统意义上的教学方法等同，是体育教师通过一种主要手法的运用来进行教学的行为方式。例如，提问法这一具体的教学方法就是为了实现某个教学目标而采用的，是通过对提问和解答这两种具体方法的运用来实现教学目标的一种教学方式。体育教学方法也可称为"体育教学技术"，通常是在体育课的某一教学步骤上体现出来的，并由于体育教师条件的不同而在选用和变化上也会出现一定的差异。

第三，教学手段。教学手段在体育教学方法层次中，居于"下位"层次，它是传统定义上教学方法的组成部分，也是教师运用一种主要的手段来开展教学活动的行为方式。体育教学手段也可称为"教学工具"，体育课具体的教学环节上一般会采用各种教学手段。

（七）体育教学方法的意义

体育教学方法在体育教学活动的构成系统中居于非常重要的地位。体育教学方法不仅在教学活动的开展过程中发挥着重要的作用，而且即使教学活动结束之后，教学方法的影响依然不会在短时间内完全消失，这是体育教学内容、环境等其他构成要素所无法比拟的。具体来说，体育教学方法具有如下几方面的意义。

第一，促进教学任务的完成。体育教学方法在体育教学活动中是体育教师与学生双方互动的主要连接点。科学有效的体育教学方法有利于将体育教学活动中的两个重要主体（教师与学生）紧密连接起来，这一连接有利于促进体育教学目标与任务的顺利完成。倘若缺乏科学有效的体育教学方法，将难以使预期的体育教学目标顺利实现，也无法使教学任务高效地完成。

第二，促进良好体育教学氛围的营造。科学合理的体育教学方法可以促使学生参与体育学习的积极性不断提高，使学生学习兴趣不断高涨，同时也有利于营造良好的教学氛围。良好的教学氛围反过来又感染与激发学生，引导学生主动参与学习，从而促进一种良性循环的形成。体育教学方法的科学运用对于促进学生对体育教师的信任度的提高非常有效，教师一旦赢得了学生的信任，就很容易引导学生来学习体育课程，因而和谐的体育教学气氛就会形成。

第三，促进学生身心素质的全面发展。体育教师选用教学方法容易受科学思想的感染与熏陶，因而所采用的方法必然具有一定的科学性，而采用科学恰当的教学方法进行体育教学，对于促进学生的身心全面发展非常有益。相反，倘若教师在教学过程中选用的是不具备科学性且不恰当的教学方法，就会对学生身心的健康发展造成影响。我们可以将体育教学活动中体育教学方法的实施过程看作是学生对体育运动技术进行体验与锻炼的过程。所以，教师不仅要向学生传授体育方法论的相关知识，同时也要对学生的训练实践进行引导，促进学生身心的全面健康发展。此外，科学的体育教学方法对于培养学生的丰富情感、锻炼学生的意志品质也是非常有益的。总之，体育教学方法对学生的全面发展有着深刻的影响。

第四，促进体育教学质量的提高。科学的体育教学方法能够通过充分调动各种有利的因素来促进学生学习兴趣与热情的不断提高，引导学生将其主观能动充分发挥出来，从而促进学生学习效率的不断提高，最终促进体育教学质量的提升。

二、体育教学方法的科学选择

（一）常见体育教学方法分析

1. 语言教学法

语言教学法又可以分为讲解法、口令法、指示法和口头评价四种。

第一，讲解法。作为一种基础的语言教学方法，讲解法在体育教学过程中的运用最多。几乎整个体育教学过程中都会运用到语言讲解的教学方法。体育教学中，教师通过语言描述的方式向学生说明教学的任务、内容、要求、动作名称、动作要领等，以达到预期教学效果的方法就是所谓的讲解法。这种教学方法一般在体育教学的初期具有非常重要的作用。在初步学习技术动作时，体育教师需要先通过讲解法向学生描述这一技术的基本动作和难点要点，使学生对该动作技术形成一个初步的认识和了解，从而为进一步的学习与练习奠定一定的基础。教师运用讲解法时，要对该方法的科学性和艺术性予以重视，以促进整个教学效果的提升。教师应在教学过程中不断进行经验的总结，在语言表达上要做到精益求精。体育教师在运用讲解法进行教学的过程中，应注意以下几个方面的要点：首先，要有目的地讲解，在对讲解内容、方式进行选择，对讲解语气、速度进行调整时，应依据学生的特点、教学的目标和教学内容来进行，抓住讲解的重点和难点。其次，注意所讲解的理论知识要准确、权威，所讲解的技术内容要与技术原理相符，并充分考虑学生的接受能力。最后，讲解的方式和广度要以学生的实际情况为依据来调整。

第二，口令法。有确定的内容和一定的顺序与形式，并以命令的方式对学生活动进行指导的一种语言教学方式即为口令法。在体育教学活动中，对口令法的运用一般出现在队列练习、队形练习、基本体操、队伍调动等活动中。在具体运用中，教师应准确、清晰、洪亮、及时地发出口令，并注意从人数、形式、内容、对象等特点出发对自己的语调语速进行控制。

第三，指示法。体育教师通过简明的语言来指导学生进行活动的语言教学方法即为指示法。教师运用指示法时，应注意做到准确、简洁、及时等方面的要求，且尽量用正面词。指示法主要有以下两种运用形式：形式一，在学生练习时未能意识到的或者关键的动作中运用；形式二，在组织教学中运用，如场地布置、器材收拾等。

2. 直观教学法

在体育教学中，教师通过实际的演示或外力帮助，借助学生的视觉、听觉、触觉、肌肉本体感觉等器官来对动作进行直接感知的教学方法即直观教学法。一般将体育教学中常用的直观教学法细分为以下几种具体方法。

第一，动作示范法。体育教学中，教师为帮助学生对技术动作进行认识和了解，经常使用动作示范法。具体就是教师以具体动作为范例，帮助学生对动作规范、结构、要领和方法进行直观的掌握。学生通过观看教师正确优美的动作示范，可以建立正确的动作表象，学习的兴趣也会因此而提高。教师在运用直观教学法进行教学的过程中，应着重注意以下几个方面。首先，教师在示范时，不要一味展示自己的技术水平，要明确示范是要达到什么目标，要使学生从中获取什么信息，要考虑如何示范才更容易使学生更清楚动作要点。其次，注意对动作示范位置与方向的选择。教师要先让学生按照一定的队形排列，然后根据该队形的特点来选择示范的位置与方向，教师进行这一选择的关键就是要让全体学生都能观察到自己的动作示范。再次，教师的示范动作要准确、熟练、轻快、优美，从而激发学生的学习兴趣。最后，教师示范的过程中，配合语言讲解。因为如果单纯示范，学生不容易把握其中的要点，这时就需要教师通过语言讲解来提醒学生哪些是重点，哪些是容易出错的地方。

第二，多媒体教学法。随着现代化技术的不断进步与发展，越来越多的现代化技术逐渐被运用到了体育教学中来。多媒体教学法就是在此环境中被广泛运用的，它是教师通过给学生播放幻灯、投影、电影、电视、录像等进行教学的方法，这种教学方法的主要特点与优势就是生动、形象、真实。在运用多媒体教学法的过程中，教师应注意在综合考虑教学目标及学生特点的基础上选择适宜的电视、电影、录像等内容来播放。如果将电视、电影、录像等的播放与讲解示范有机结合，将会收到更好的教学效果。边播放边讲解，或适当停顿讲解，学生可以获得直接的思维感受。

第三，条件诱导法。以某种条件为诱因，同时与体会动作相联系，达到直观作用的方法就是所谓的条件诱导法。例如，长跑项目教学中安排一名领跑员，不仅有利于形成长跑中的一种带领性的速度感，而且对队友间的相互保护也有利。其中，牵引性的助力和对抗以及限制性的阻力能较快地使学生建立完成动作的时间感与空间感。此外，为了使某些动作能够更加富有节奏感，就可以通过采用音乐伴奏或借助节拍器的音响来达成这个目的。

第四，直观教具与模型演示法。教师在体育教学中难免会用到一些教具和模型来进行辅助性的教学，这些教具与模型都是具有直观性特征的，如挂图、图表、照片等。通过这些教具来对教学内容进行讲解，有利于帮助学生建立正确、完整的动作表象。教师不仅可以采用教具让学生进行长时间的观摩，还可根据情况对某个细微的环节进行特别强调，因此教师应将图表、模型和照片等直观教具充分利用起来。采用教具与模型演示方法对于帮助学生直观了解技术动作的全过程非常有效。此外，教具、模型的演示还可以吸引学生的兴趣与注意力，从而提高教学效率。

第五，助力与阻力教学法。在体育教学过程中，体育教师借助外力使学生通过触觉和肌肉的本体感觉对正确的动作用力时机、用力大小、用力方向、动作时空特征等进行体验的教学方法就是助力与阻力教学法。体育动作的技术教学环节一般会比较多地采用助力与阻力教学法，这是一种能够帮助学生对正确技术动作进行有效掌握的直观教学方法。

第六，领先与定向教学法。领先教学法指的是教师通过对具体的动态视觉信号加以利用，给学生提供相关指示的教学方法即为领先教学法。例如，在体育教学过程中，教师可以对动态的、超前的视觉信号进行利用，给学生施加相应的刺激与激励，帮助学生将技术动作顺利完成。定向教学法指的是教师通过具体的静态视觉标准的利用来给学生提供相关指示的教学方法。例如，在体育教学中，教师为了向学生指示动作的具体方向、轨迹、幅度等，对标志物、标志线、标志点等进行合理地运用。

3. 分解教学法

体育教师在教学中，将完整的动作技术合理地分解成几个部分与段落，将动作的各部分逐个教授给学生，在学生对各部分动作都熟悉后，再完整地向学生教授整个动作技术的教学方法即为分解教学法。这种教学方法的优点在于把动作技术的难度相对降低，不仅便于学生掌握教学重难点，而且便于突出教学重难点，从而提高学生的学习自信。这种教学方法的不足之处在于学生难以对完整动作进行领会，有可能只是单独掌握一些局部和分解动作。

运用分解教学法时，应注意以下几个方面：首先，体育教师要采取相对合理的分解方式分解动作，具体应根据动作技术的特点进行。其次，体育教师对动作技术的段落与部分进行划分时，还要对各部分之间以及各段落之间的有机联系进行考虑，尽可能保持动作结构的完整性。最后，对于完整动作中各部分与各段落的地位与作用，体育教师应有所明确，并为最后的动作组合做好准备。

4. 完整教学法

完整教学法是体育教师在教学过程中从开始到结束不分解动作，完整地对动作进行传授的教学方法。它主要可用于以下几个方面的教学中：首先，动作结构较为简单，对于协调性没有过高要求，方向线路变化较少的技术教学中。其次，动作虽较为复杂，但各部分间密切联系，不宜对其进行分解的技术教学中。最后，虽然动作较为复杂，但学生储备了足够的运动能力，拥有较强的运动学习能力。用于应该分解而又不宜分解的动作时，容易给教学造成不良影响，这是完整教学法的不足之处。

具体的体育教学实践中，完整教学法的运用主要有以下几个方面的注意事项。首先，直接运用。在对一些较为简单、容易掌握的动作进行教授时，教师进行讲解与示范后，指导学生直接练习完整动作。其次，从教学重点进行突破。例如，体操或跳水运动中有一些空中翻腾动作，教师虽然不能对其进行分解，但对于其中的动力、动作时机和动作要领等要素，教师还是可以进行一一分析的，教师或用辅助的方法使学生体会动作感觉，并进行重点的练习。最后，降低难度。在完整练习时，减轻投掷器械的重量，跳高横杆的高度，跑的距离与速度或徒手完成一些本来持器械的完整动作等。

5. 程序教学法

程序教学法也称为"学导式教学法"或"小步子教学法"。它是以认知规律和技能形成规律为依据，将体育教学内容分解成为若干小步子（相互联系），使之组成方便学生学习的逻辑序列，并且对相应的评价信息反馈系统进行建立的教学方法。在教学过程中，学生按照分解后的小步子逐步学习，在学习后进行及时的评价，并依据评价的结果对学习效果进行及时的反馈。如果评价后发现达到了预定的标准，则按顺序进行下一步的学习；如果没有达到预期标准，则重新学习该小步子，并予以校正。

体育教学中运用预防和纠正错误教学法主要有以下几种常见的形式。

第一，降低难度。在体育教学过程中，学生体能素质较低、心理紧张、认识不足等原因都会导致动作的错误。对此，教师可通过降低动作难度来避免这一现象的发生。具体来说，教师可采用改变练习条件，分解完成动作等方式来对技术动作的难度进行调整。降低难度可以使学生将技术动作轻松地完成，从而促进其自信心的增强。

第二，外力帮助。学生感受正确动作的方法即为外力帮助法。在体育教学课上，如果学生在学习动作时对用力的部位、大小、方向以及幅度等不清楚，就很容易做出错误的动作，这时教师可通过对推、拉、托、顶、送、挡等外力的运用来帮助学生对正确动作的本体感觉加以体会，最终达到纠正错误的效果。

第三，强化概念。在学习过程中，学生正确理解概念可以有效促进其在大脑中形成正确的动作形象。教师在体育教学实践过程中，应注意通过采用讲解、示范、对比等方法来促进学生正确动作概念的不断强化，促使学生正确动作表象的顺利形成，使学生对正确与错误动作的差异和区别有所明确，使学生主动避免错误或及时纠正错误。

第四，转移练习。在体育学习中，学生的恐惧、焦虑心理或受旧运动技能的影响也会使其出现错误动作。针对这种情况，教师应及时转移学生的练习活动，通过采取变换练习内容的方法，利用一些诱导性和辅助性的练习，促使学生摆脱已经形成的错误动作定式，进而促进正确的动作定式的形成。

第五，信号提示。信号提示指的是，学生在学习与训练技术动作的过程中，由于用力时间或用力方向不当而表现出错误的动作时，教师及时给予信号指示，帮助学生改正错误动作。听觉信号、口头信号、视觉信号等都是教师具体采用的信号提示方法。此外，标志线、标志点、标志物等也有利于帮助学生对错误动作的预防与纠正。

（二）体育教学方法选择的参考依据

第一，依据体育教学目标进行选择。体育教学目标具有多层次性的特征，具体体现在身体发展目标、知识发展目标、技能发展目标、社会发展目标以及情感发展目标等方面。为了促进这些不同层次教学目标的实现，教师应对不同的教学方法加以采用。在体育教学中教学目标并不是孤立的，它是多种目标的综合，而每一单元、每一堂课目标的侧重点是不同的。所以，在教学过程中，教师应以具体的课堂教学目标为依据对重点发展某一方面的教学方法进行合理选择。体育教学总目标是通过一个个课时教学目标的逐步实现而最终实现的。课时教学目标具有一定的指导性，而且其包含着丰富的内容，既有运动技能和运动理论方面的内容，也有心理和品质品格方面的内容，针对这些不同内容的教学目标，教师应选择与之相适应的科学教学方法来进行具体的教学。

第二，依据体育教材内容进行选择。体育教学内容与教学方法之间密切联系，针对不同的教学内容，应采用不同的教学方法，如对于理论方面的内容，适合采用语言教学法，对于实践方面的内容，适合采用直观示范教学方法。可见对教学方法的选择受不同性质的体育教学内容的影响。同一种教学方法运用于不同教学内容上会产生不同的效果。所以，在体育教学过程中，教师应注意对教学方法的灵活选择。

第三，依据教师的自身条件进行选择。作为体育教学方法的实施者，体育教师自身的素质对于教学效果与质量具有直接的且非常重要的影响。倘若体育教师自身的能力和素质水平较低，则其难以将体育教学方法应有的作用很好地发挥出来，从而制约教学活动的顺利进行。因此，教师在选择相应的教学活动时，应对自身的专业素养、能力水平以及教法特点有着客观的理解。一般而言，体育教师需要对众多的教学方法进行熟练掌握，这样其才可以从自身以及学生的实际情况出发对最佳的教学方法进行选择。不同教师根据学生实际状况采取同样的教学方法，也会得到不同的教学效果，可见教师自身条件极大的影响着体育教学活动。所以，教师要有意识地提高自身的素质，优化自己的教学风格，对更多的教学方法加以尝试与熟练运用。

第四，依据学生的实际情况进行选择。在体育教学过程中，教学方法的实施主要是以学生为对象的，促进学生更好地学习是运用各种不同教学方法的最终目的，因此，在选择相应的体育教学方法时，应与学生特点及其实际情况（年龄特点、性别特征、身心发育状况以及相应的知识储备和学习能力等）相符合。

第五，依据体育教学物质条件进行选择。在体育教学活动中，体育教学物质条件对教学方法的选用有很大程度的影响。学校的体育教学器材、场地以及设施等都属于教学条件的范畴。倘若学校拥有全面且先进的教学条件，那么体育教学方法的功能与作用就可以得到良好的发挥。相反，倘若教学条件落后且不全面，则会直接影响体育教学方法的作用与价值的充分发挥。例如，在背越式跳高的教学中，采用海绵块练习的效果要优于采用沙坑练习，主要是因为海绵块相对较为干净，比较安全，学生在海绵上练习不会有很大的心理负担，而且神经系统兴奋性会处于较高的水平。在体育馆内进行体育教学，能够避免受到周围环境的影响，能够促进体育教学方法使用效果的提高。对现代化体育教学手段的充分运用，能够使教师动作示范中的某些缺陷得到有效的弥补，从而促进体育教学质量的提高。所以，体育教师在对教学方法做出选择时，要对体育教学物质条件进行充分的考虑。

第六，依据不同体育教学方法的功能与适用条件进行选择。不同的体育教学方法拥有不同的特点、功能、适用条件与范围，而且不同的教学方法都具有自身的优点与不足。在体育教学活动中，各要素组合的合理性对体育教学方法的作用与价值的充分发挥具有非常重要的影响。有时，一种教学方法可能适合在某个体育项目的教学中采用，而且效果良好，但不适宜在其他项目的教学中采用，而且会产生制约教学活动顺利开展的影响。同样的道理，对于某一教学内容的教学，有些教学方法是合理且能够产生正效应的，而有些就会产生相反的作用。例如，谈话法是对新知识进行传授的主要方法，这一方法使用的前提与基础是教学对象已有知识与心理方面的准备，倘若没有做好准备，采用这一方法所预期的理想的效果就不会出现。讲授法能够将大量的系统知识在短期内传授给学生，有利于体育教师主导性地发挥。然而，学生的主动性与创新性在这一方法的运用中是难以得到充分发挥的。所以，体育教师在对教学方法进行选择时，对于不同教学方法的功能、应用范围和条件等，一定要进行认真的考虑与分析。

（三）体育教学方法选择的注意事项

第一，加强师生之间的协调配合。在体育教学过程中，为了实现预期的教学目标，教师和学生必须进行默契的配合。体育教学活动中，没有"教"的"学"和没有"学"的"教"都是不存在的。因此，无论采用何种教学方法，都应考虑"如何教"和"如何学"。在传统体育教学中，一味以教师为中心，选用教学方法也只对教师"如何教"的问题比较重视，而直接忽略了学生在教学过程中的作用。例如，教师在示范动作时，只对动作的优美和协调性比较重视，而没有对学生的感受进行考虑，从而使得学生的学习效果不佳，影响教学质量。因此，体育教学方法的选择应注意考虑师生双方的默契配合，避免两者相脱节。

第二，加强不同学习阶段的前后配合。学生在体育教学过程中，不同的学习阶段会有不同的学习特点产生。教师选择体育教学方法应对学生学习知识的不同阶段的前后配合予以考虑。例如，在学生的动作学习过程中，教师应注重指导学生从"模仿型"向"创造型"过渡，并实现二者的有机结合。学生的学习过程也是对学习内容不断了解与掌握的过程。在初步学习阶段，往往以模仿（模仿教师或他人）学习为主，之后，学生就会形成动作定式而完全摆脱模仿，从"模仿型"过渡到了"创造型"。这两个阶段之间具有一定的联系，又相互区别。因此，在对教学方法进行选用时，应有意识地使二者之间的互相代替、割裂得到有效避免。

第三，加强学生内部与外部活动的配合。学生的学习过程是内部活动和外部活动的统一。学生的心理活动以及相应的生理生化反应等属于内部活动；学生的动作质量、情绪、注意力等属于外部活动表现。教师在选择相应的体育教学方法时，应注重学生内部活动与外部活动之间的配合。教师应善于分析学生的内外活动变化，有机结合指导学生外部活动的方法与激发学生内部活动的教学方法，以使学生能够自觉地进行体育学习。在体育教学方法的选择过程中，教师还应对多种教学方法进行对比与分析，从而将最佳的教学方法确定下来。此外，对于不同的教学方法适用于哪些教学内容，可以解决什么教学问题，能够对什么教学对象起到积极作用等，都是体育教师需要考虑的问题。

三、体育教学方法的科学运用

（一）体育教学方法的优化组合运用

1. 优化组合运用的原则

首先，启发性原则。不管是采用哪一种形式的教学方法，都应该考虑其是否有利于调动学生的学习积极性和主动性，是否可以促进学生进行积极的思考与自主的探索，是否可以促进学生各方面素质的全面提高。在体育教学活动中，对教学方法的优化组合还要注重对学生学习兴趣和动机的培养，从而使学生的自主思维得到充分的发挥。

其次，最优性原则。教学方法不同，其自然就具有不同的特点、功能和应用范围，而且各自的优势与不足也有差异。因此，在对教学方法进行组合运用时，不同体系的综合教学方法会因此而形成，每一套教学方法的特点也各不相同。对此，教师在进行体育教学方法的优化组合时，应以实际需要为依据，对最符合实际情况的一套教学方法进行选择。教师在教学方法的选择中，应从整体入手，将各种适应相关教学内容的教学方法进行有机地结合，从而将教学方法体系的整体功能充分发挥出来。

最后，统一性原则。统一性原则要求教师在对相应的教学方法进行选择时，应注重"教"与"学"双边活动的统一，并强调二者的密切结合与相互促进。如果只重视其中的一项活动，则难以使教学活动达到预期的开展目标。另外，贯彻统一性原则还要求体育教师在教学过程中尽可能地将教学方法的多种功能充分发挥出来，从而全面促进学生各方面素质的提高。

2. 优化组合的程序

①将体育教学的任务进一步明确。

②根据实际情况将总体设想提出来。

③对多种体育教学方法加以优化组合。

④对优化组合的教学方法加以实施与评价。

（二）体育教学方法运用的注意事项

第一，全面考虑影响体育教学方法运用效果的因素。体育教师在对体育教学方法进行科学运用时，为了促进教学效果的加强，应全面分析对教学方法运用效果产生影响的各方面因素。具体涉及的因素有教师自身、学生以及教学条件与环境。在体育教学过程中，体育教师自身的知识储备、人格魅力以及教学技艺等会对教学方法的运用效果产生不同程度的影响。所以，全面提高教师的素养对于教学方法使用效果的提高非常有益。体育教学是教师与学生共同参与的活动，学生因素对于教学方法运用的效果同样也会产生举足轻重的影响。因此，教师应注重鼓励学生主观能动性的发挥。除教师和学生两方面的影响因素外，体育教学的物质条件和环境也会对体育教学方法的运用效果产生一定程度的影响。因此，体育教学中在强调教学主体因素的同时，要重视对良好教学条件的提供与教学环境的优化。

第二，注意体育教学方法有关理论的运用。体育教学的理论源于实践，但又高于实践。因此，在运用体育教学方法的过程中，教师不仅要注重实践方面的问题，还要重视在理论方面的积极探索。如果对相关理论的研究具有片面性，那么体育教学的方法也会相应表现出片面的缺陷。因此，在体育教学实践中，对体育教学方法的相关理论基础进行探索，应综合考虑辩证唯物主义与唯物辩证法的基本观点；系统论原理；教育学、心理学有关学科理论知识、普通教学论和体育教学论等所有相关的内容。

总而言之，在体育教学过程中，教师应树立新的观念，运用新的理论来对体育教学工作进行指导，不断促进体育教学方法的改革与发展，将各种教学方法的效用充分发挥出来。

第二节　高校体育教学方法体系的构建过程

"目标统领教材"是体育课程改革的突出特点，即以不同的教学目标为依据来对不同的体育教学内容进行选择。学校向学生传授的各种思想、知识、技巧、技能、言语、观点、信念、行为、习惯等的总和就是教学内容。本质上来说，学生的学习过程就是将这些丰富的教学内容内化为自我发展成果的过程，这一过程体现了由外到内的转变，其不会自动完成，必须通过对教学方法的运用才能实现这一转变。

选择体育教学方法要因地、因时、因人而异，即以不同地区的实际情况、学生的身心发展特点等为依据来对体育教学方法进行确定，这是体育新课程标准的基本要求。以往的体育教学大纲虽然对教学目标、各年级教学内容比重及考核标准做出了明确的规定，但却将地区间、城乡间、学校间的差异忽视了,而且也没有将学生的体育基础、兴趣、爱好等因素考虑在内,从而在具体的教学过程中只重视采用教师的讲解与示范等单一的教学方法,学生"看体育"的负面效果因此而形成。

体育课程标准对课程目标、领域目标、内容标准作出了相应的规定,但没有限制具体内容、比重、成绩评定等。新课标以学习内容性质的不同为依据对5个学习领域进行了划分,不同领域都有相应的教学任务和教学内容。虽然有些领域中的内容并不具体,但能够在其他领域中对相关内容进行渗透和贯穿,形成"目标——内容",即目标指导内容选择,内容选择达成目标的关系。与此同时,新课标还对6级学习水平进行了划分,并对相应的水平目标进行了设置,而且主要是以学生的身心发展特征为依据来划分的,从而将体育教学特殊的规律充分体现了出来。

此外,新课标不对具体的学习内容进行规定,而是提出了达到目标的内容或活动建议,为学校提供了较大的选择的余地。学校以本校实际为依据来对教学内容进行合理选择,从而促进学习目标更好地实现。由此可见,新课程标准的5个领域,不仅是学校选择体育教学内容的主要依据,同时也是体育教学自身规律的体现,也可以有效地指导体育教学方法的选择,促进"目标-内容-方法"教学范畴体系的形成。这样,不同地区、学校就拥有了选择符合本地区特点或本校特点的教学内容与方法的广阔空间。

学生学习方式的转变是体育新课程改革的基本特色,具体就是改变学生单纯接受式的学习方式,对发挥学生主体的学习方式进行建立,并对研究性学习进行积极地提倡。这一转变对于教师来说,要对不同学生的情况进行了解,从而向学生提供不同的学习空间,同时还要对不同年龄学生的教学方法进行考虑。新的课程标准必须要有新的方法体系与之相配套。体育教学需要以体育教学自身的规律为依据,并结合具体的教学内容去开展教学活动,以促进学习目标的顺利实现,因此应以体育教学规律及为实现目标而选用的教学内容为依据,按课程标准划分的5个学习领域来对新的体育学习方法体系进行构建。

体育课程改革对5个学习领域目标作了重点强调,并在此基础上以学生不同的身心发展阶段为依据对6个不同的水平目标作了划分。在体育教学实践中,每节课都要以不同的目标要求为依据来对教学内容进行选择,而每节课教学内容都要能够使5个领域的不同目标顺利实现。所以,各个领域目标都有不同的水平目标与之相对应,教师应当以不同的水平目标为依据来对所需要的教学方法进行合理选择与科学运用。

第三节 高校体育教学方法的发展创新

一、促进体育教学方法创新发展的因素

第一,科技进步促进了体育教学方法的创新。随着科学技术的迅速发展,人们的生活

水平不断提高,生活质量得到了很大程度的优化。而且,科技的进步在体育教学领域也发挥了积极的影响,具体表现在其对体育教学方法产生的深远影响上。随着计算机技术的快速发展,其在体育教学中的普及性也在逐步提高,这就促进了体育教学中动作示范标准程度与科学程度的提高。而且,科技的进步使得资料的搜集、整合更加便捷,学生在学习空间和时间方面受到的限制逐渐降低,实时的信息沟通逐步实现。通过运用计算机进行动作示范,可以从不同的侧面,以不同的速度,对不同部位的动作进行细致的分析和研究,使传统的讲解示范等方法更好地发挥自身的作用。

第二,体育教学内容的变革促进了教学方法的变革。为了与时代的发展相适应,满足学生不断增长的体育需求,体育教学的内容也在不断改革与发展,这也直接促进了体育教学方法的变革。例如,随着定向运动和野外生存运动被引入到体育教学之中,使得体育教学活动的野外组织和教学方法得到了更加深入的开发。

第三,体育教学理论的发展促进了教学方法的改善。体育教学理论的发展对于体育教学方法的创新与进步具有积极的影响。在新的体育教学理论的科学指导下,体育教学方法的发展和创新速度逐步提高。传统体育教学过程中,对于体育运动技能的分析还不是很深入,并且针对同一运动项目的教学所采用的教学方法较为固定,甚至不同运动项目的教学中都采用同样的教学方法。可以说,不管面对什么样的教学内容和教学目标,都是以"以不变应万变"的态度来选用教学方法。然而随着有关专家对体育运动项目研究的不断深入,适合不同运动项目的体育教学方法也创造性地应运而生。

二、新型体育教学的方法分析

(一)探究教学法

在体育教学过程中,引导学生发现问题、分析问题、最终解决问题,使学生在探索、研究的过程中对知识和技能进行掌握的教学方法就是所谓的探究教学法。探究教学法与现代教学教育理论对学生的要求更相符,也是新体育课程强调学生主体性理念的重要表现,因此在体育教学中日益受到教师与学生的高度重视。

运用探究教学法应注意以下几点。

首先,目的明确。教师在教学时应预先对研究计划进行确立,以便促进体育教学目标的顺利实现。目的不明确、与教学实际不符的探究活动不仅会造成时间的浪费,还会对课程目标的实现造成妨碍。

其次,与学生的知识水平相符。教师的教学必须以学生实际的知识能力水平为前提,教学内容太简单对于学生学习兴趣的激发是无益的;教学内容太难会使学生失去学习兴趣与信心。因此体育教师在教学前很有必要对学生基础知识的掌握能力以及技能水平进行了解,引导学生进行力所能及的探究。

最后,在教学过程中,针对学生通过努力仍然有一定解决难度的探究性问题,教师应加强对学生的引导、启发与鼓励，但不能代替学生进行探究活动。

（二）游戏教学法

教师以游戏的方式，组织学生进行体育学习的方法就是游戏教学法。游戏教学法要在规则允许的范围内实施，目的是将学生的主动性和创造性充分调动起来，达到体育教材内容所规定的目标。游戏教学法可以使个人的主动性和创造性得到充分发挥，这种方法实施起来也较为简单，且非常容易被学生接受，也是最受学生欢迎的教学方法之一。

教师可以在学生个体之间展开游戏教学，也可以在学生学习小组之间展开游戏教学，通过创建游戏情境，可以使学生对紧张的气氛进行感受，并从中学会如何进行合理竞争，如何与同伴相互协作。游戏教学法有助于促进学生学习兴趣与身体活动能力的提高，有利于促进学生身体素质的全面发展，使学生在愉悦的运动体验中对相应技术的运用方法进行掌握。

以下几点是体育教学中采用游戏教学法时需要注意的几个要点：

第一，教师在明确体育教学目标后，要以此为依据来设置游戏的形式，对不同形式的游戏都应事先确定游戏的规则，从而使学生在参与游戏的过程中知道自己该做什么，不该做什么。

第二，教师应在要求全体学生遵守规则的同时，对学生个体主动性和创造性的发挥进行积极鼓励。

第三，在体育教学中，教师运用游戏教学法时，学生个人的选择性与独立性较大。因此，教师在安排运动负荷与动作控制方面会受到很大的限制，对此应进行妥善地处理与解决，避免形成师生矛盾。

（三）竞赛教学法

在体育教学中，检验教学效果和促进学生技能运用能力不断提高的教学方法即竞赛教学法。竞赛教学法也是一种对教学效果进行检查的一种有效手段。这种教学方法不仅能促进学生将自身机体功能最大限度地发挥出来，而且还能促进学生的比赛应变能力和比赛中心理调控能力的不断提高，更能对学生勇敢、灵活、团结、谦虚等意志品质进行有效的培养。学生在学习运动技术之初，教师不适宜采用竞赛的方法进行教学，只有经过一段时间的学习，学生能够将动作技术较为连贯且熟练地完成后，才能采用该方法。一般在竞赛活动后，教师要及时对学生的表现作出评价。

教师在运用竞赛教学法时，应着重注意以下几个方面：

第一，对竞赛教学法的目的加以明确。在运用竞赛教学法时，不论是对教学内容进行确定，对竞赛方式进行选择，还是对竞赛结果进行证实等，都要树立"服务于教学目标"的观念。

第二，竞赛教学法的运用要注意对学生进行合理的配对和分组。无论是个人与个人的比赛，还是小组与小组的比赛，都要注意双方实力的均衡，教师还应尽可能地对均衡的比赛条件进行创造。

第三，运用竞赛教学法时，教师一般在竞赛结束后需要对学生完成动作的质量予以客观评价，并向学生指出哪些地方应该改进，应如何改进。

（四）自主学习法

在体育教师的指导下，学生以自身的实际需要和现实条件为依据来对目标进行制定、对内容进行选择，将学习目标完成的体育学习模式就是自主学习法。教师应多为学生提供自主学习的机会，这有利于使学生的学习热情得到无限的激发，使学生的学习主动性得到最大限度地发挥，并使学生产生满足感与成就感，增加其学习的自信心。

体育教学中要按照以下程序来采用自主学习法：

第一，学生先制订自己的学习目标，学习目标要明确，不能空而大，要在自己的能力范围内可以实现。

第二，学生根据目标来选择学习方法。需要注意的是，学生对学习方法的选择并不是盲目的，而是在对自己已有的经验和知识进行充分考虑的基础上进行选择的。

第三，学生完成一个阶段的学习之后，对照之前制定的目标，看自己是否完成了目标，完成质量如何，也就是自己对自己在这一阶段的学习状况做出评价。

第四，学生在进行自我评价后，清楚自己在学习中存在哪些不足，并为下一阶段的学习制订新的目标。

（五）合作学习法

体育教学中，学生在小组或者团队中，为促进共同学习目标的实现，有明确责任分工的互助性学习形式就是所谓的合作学习法。教师在指导学生进行合作学习时，要使学生意识到自己在小组或团队中的重要性，要明确自己的角色定位，这样才能激发其责任感。

体育教学中一般按照如下程序来实施合作学习法：教师对学生进行合理的分组；小组成员集体讨论并确定本组所要达到的学习目标；确定学习目标后，小组内再进行具体的分工，这一步需要教师的指导与帮助；小组各个成员明确自己的职责与任务，由小组长领导，相互协同合作来完成任务；结束小组学习活动后，每个小组派代表发言，谈谈自己的感受与心得，各个小组之间展开交流，共同进步。

三、体育教学方法的创新发展趋势

现代体育教学方法经过多年的改革与发展，已经形成了具有自身特色的教法体系。随着经济社会的不断发展，其仍处于不断的创新与发展中，并呈现出以下几方面的趋势。

（一）现代化趋势

现代教学方法的现代化发展过程中，体育教学的现代化十分明显。体育教学现代化的重要表现之一是教学设备的现代化，通过对先进技术手段的运用，使体育教师能够更好地对教学活动进行开展，使学生可以更好地参与体育学习。而且，通过运用先进的现代化设备，教师可以对学生的身体素质有一个更加全面地了解，从而有针对性地对运动训练的负荷量进行安排。在教学管理方面，现代科技的运用可以为学生的学习和生活提供更加便捷的服务。随着现代社会的不断发展，体育教学的各项技术将得到一定程度的创新与发展，其教学方法也必然呈现出现代化的创新性发展趋势。

（二）心理学化趋势

在心理学中，学习是一个较为复杂的心理过程。在体育教学中，学生学习是一项既涉及知识记忆，同时还涉及动作技术记忆的复杂形式。随着心理学研究的不断深入，学习过程的各个要素与阶段开始被人们逐步认识，并且在具体的教学实践过程中，心理学的相关理论得到了一定的运用，并发挥了积极的作用。在体育教学方法的发展过程中，很多心理学的研究成果都得到了不同程度的应用，这对于促进体育教学质量的提高具有积极的影响。另外，体育教学方法的运用还肩负着提高学生的意志品质，发展学生的健康心理等培养任务，通过对相应的心理学知识进行采用，能够使体育教学方法在这些方面的目标得到顺利实现。

（三）个性化与民主化趋势

现代体育教学方法正在逐渐向个性化、民主化的趋势发展。在传统体育教学过程中，强调教师的主体地位，在教学过程中只重视教师的教，教师组织教学活动也没有对学生个体之间的差异性进行充分考虑。随着体育教学的深入改革与发展，社会越来越重视学生个性的发展，因此，体育教学方法的发展也必然呈现个性化的创新趋势。个性化的教学方法改革和创新不仅有利于学生的全面发展，而且有利于社会的进步。

体育教学方法的民主化发展也是大势所趋。随着体育教学过程中民主意识的崛起，民主化体育教学方法将得到进一步的重视与更加广泛地采用。

第四章

高校体育课堂教学技能训练探究

第一节 教学内容编制技能训练探究

教学内容编制技能是指为实现体育教学目标,在体育教学理论知识的指导下,通过不断练习而形成的熟练编排和制订体育教学内容的行为方式。随着课程改革的不断推进和新课标的实施,教学内容编制技能显得尤为重要。为了更好地实现体育教学目标,完成体育教学任务,必须掌握体育教学内容编制技能。教学内容编制技能包括教学内容选择技能、教学内容改编技能、教学内容安排技能等。

一、教学内容编制技能概述

体育与健康课程的改革,为学校体育带来了新的理念,为体育教学内容编制提出了新的要求。三级课程管理体制的改革,教师在某种程度上成为教学内容的设计者和决定者。体育教学内容在很大程度上需要体育教师自己做出决定,对体育课教学内容的设计则成了每个体育教师必须思考的一项基本工作。

(一)教学内容编制技能的作用

1. 有利于熟知体育教学内容

体育教学内容是以体育教育为目的,以身体练习、运动技能学习和教学比赛等为形式,经过组织加工后可以在教学环境下进行的内容的总称。体育教学内容的种类多、素材广,不同教学内容之间存在较大差异,在选择和安排上存在一定难度。为解决这些问题,只有在熟悉体育教学内容的基础上才能进行,了解体育教学内容是编制体育教学内容的前提。掌握教学内容编制技能也是对体育教学内容再认识的过程,只教不编,对教学内容很难深入理解掌握,更谈不上灵活恰当运用。

2. 有利于了解体育教学内容的作用

熟练掌握教学内容编制技能,有利于深入了解不同教学内容的功用和效能,明晰体育教学内容的作用,从而做出价值性选择。虽说教学内容具有一项多用的特征,但不同教学内容的主要作用、特征还是有所区别,有的甚至大相径庭,在体育教学内容编制时必须加以甄别。

3. 有利于合理选择体育教学内容

体育教学内容的种类繁多,演变来源各异,奥运会项目就有100多项。这些项目大都可以作为体育教学内容,从民族传统体育来看,上千个扎根于民间的体育项目大都可以成为体育教学内容,还有近几年涌现的新兴体育项目。如何在众多的体育教学内容中,选择恰当的教学内容进行授课是对当代体育教师的一大挑战,也是教学内容编制技能中的一项重要教学技能。

4. 有利于熟练进行教学设计

体育教学设计是应用系统科学方法分析和研究体育教学问题,解决体育教学问题的方法和步骤,并对体育教学结果做出评价的一种计划过程与操作程序。掌握教学内容编制技能对于熟练分析体育教学内容,恰当编排体育教学的顺序,制定合理的体育教学计划,科学系统的对体育教学进行设计具有十分重要意义。从某种角度来讲,教学内容编制技能越强,教学设计技艺越高超。

5. 有利于体育教学内容资源的开发

在体育实践教学中,由于体育教学过程中的环境以及学生等不确定因素繁多,体育教师要因时、因地、因学生情况及时变换内容,采用改造、整合、拓展等改编方法开发体育教学内容,以适用教学需要。因此教学内容编制技能的形成,尤其是教学内容改编技能的掌握能够更好地开发教学内容资源。

(二)教学内容编制技能的特征

1. 逻辑性

教学内容编制技能不同于其他4项体育教学技能,一般是在课前进行的,是备课的重要环节。虽然运动项目有时可以"一项多能",有时可以"多能一项",加之其本身的学科交叉较多,但是其内在的逻辑性较强。从体育学科角度看,大都强调由动作结构、动作方法到动作要领、动作关键;从认知角度来看,主要强调的是从基本知识、基本技术到形成技能的逻辑;从学习过程角度来看,主要重视由易到难、由低到高、由简到繁的逻辑;从心理过程角度来看,常常关注感觉、表象、思维、分析和运用这样的逻辑。从不同的角度出发编制体育教学内容,其内在逻辑不同,但不能说体育教学内容编制无逻辑而言。在教学内容编制时应选择一个主要逻辑,然后再考虑其他次要逻辑。

2. 时代性

教学内容不是一成不变的,它随时代的变迁而变化,教育理念也在不断更新,学生对于体育教学的需求也在增加。体育教师只有紧跟时代的步伐,不断更新自己的知识水平,才能满足现代学生、社会的需要。众多新兴体育教学内容及运动项目的出现,为现代体育增添了不少光彩,但同时向体育教师提出了严峻的挑战。编制既符合教育教学指导思想要求,又要兼顾学生身心特征和兴趣爱好的教学内容,是体育教师教学内容编制技能时代性的体现。

3. 知识性

教学内容编制技能不同于其他4项技能,对于理论知识的掌握及教学内容的表达水平要求相对较高。在进行教学内容的编制时，无论是教育学和心理学的理论知识，还是体育学中的技能发展规律等知识，都为体育教学内容编制技能提供了理论指导。编制体育教学内容，不仅要注意教学内容知识的表达用语，还要注意知识表达的层次性和逻辑性。那种词不达意、混乱拼凑、照抄照搬的教学内容，离编制要求甚远，难以体现知识体系的科学性。

4．艺术性

教学内容编制是一门艺术，内容新颖多样、结构完整严谨是教学内容编制技能艺术性的体现。编制合理的教学内容可以使教学产生事半功倍的效果，让学生轻松、愉快地掌握知识、技术，获得运动技能。熟练掌握教学内容编制技能可以使教学构思更为巧妙，教学设计更为精细，教学过程更具艺术性。

5．系统性

教学内容既不是支离破碎，也不是漫无边际的，而是相互密切联系的系统性内容。选择和改编体育教学内容都有目的性，其内容范畴和相互关系具有确定性和层次性，教学内容的连贯衔接就是其具体体现。教学内容编制的技能本身也有系统性要求，其选择、改编、安排三个子类技能之间有着相互联系、相互制约的关系。

6．前置性

体育教学内容编制是教学实施的前提和基础。体育教学工作应在教学工作计划设计后开展，而教学内容编制是教学工作计划制订中的工作内容。无论是学年、水平，还是学期、单元、课时教学计划，教学内容都是重要内容。只有将教学计划中的教学内容编制好，才能为活动组织、学习指导、保护帮助、负荷调控的顺利进行奠定基础。可以说，掌握体育教学内容编制技能是实现教学目标的前提基础，只有在掌握了体育教学内容编制技能的前提下，其他4项教学技能才能更好地展现。

7．针对性

体育教学内容的编制是在既定教学目标的要求下确定的内容，而不是按照教师的意愿随意确定教学内容。无论是编制内容还是编制对象，都是相互对应的，针对性较强。目标成摆设，内容成常规，就违背了教学内容编制的要求。掌握了教学内容编制技能，应编制出有利于完成教学目标，有利于提高教学效果的教学内容。

（三）教学内容编制技能的内容

教学内容编制技能由教学内容选择技能、教学内容改编技能和教学内容安排技能组成。选择恰当的内容，改编适用于学生和学校情况的内容，有步骤、有计划地安排教学内容，将有效提高教学质量。三种技能相辅相成，缺一不可。

1．教学内容选择技能

教学内容选择技能是教师为实现体育教学目标，在熟悉教学内容的基础上，对教学内容进行有目的筛选的行为方式。形成教学内容选择技能之前,熟知体育教学内容的分类和选择依据非常重要。

体育教学内容的分类有很多,依据不同的分类标准,有不同的分类方法。依据体育教学内容的属性可包括知识性分类、动作性分类和运动项目分类。

(1)教学内容的分类

体育教学中根据运动项群来分类可以清楚地表明教师对教学的具体要求。

体育教学内容素材广、种类多。灵活熟练地运用教学内容选择技能,掌握教学内容的分类,才会不断提高教学效果。掌握教学内容的分类有利于学习与理解教学内容,形成更为科学的教学体系,理清教学内容间的逻辑关系;掌握教学内容有利于教师使用教学内容,科学选择教学内容;有利于教学内容的创新,丰富教学内容。

(2)教学内容选择的依据

教学内容的选择并不是随心所欲的,而是要在明确层次的基础上,有依据地选择。一般而言,选择依据包括课程标准教学目标、教师与学生、教学环境、社会与生活等。

2. 教学内容改编技能

教学内容改编技能是教师为实现体育教学目标,对已选择的教学内容进行改制的一种行为方式。教学内容改编技能包括改编的内容、方式和注意事项。根据实际情况,在选择了教学内容后,对教学内容进行改编就需要具备一定的教学内容改编技能。教学内容改编技能要求充分发挥教师的主动性和创造力,在分析场地、器材、学情等对教学内容进行改制的基础上,丰富教学内容,活跃教学气氛,更有效地实现教学目标。

(1)改编的内容

第一,民族、民间传统体育项目的改编。民族、民间传统体育项目是我国的特色文化,对于弘扬民族文化,振奋民族精神,促进民族体育文化的发展和加强民族团结,促进交流等方面具有重要作用。有学者将这些传统体育项目引入学校,按身体锻炼价值和功能特征归纳为三大类:嬉戏娱乐类、竞赛表演类、节庆习俗类。嬉戏娱乐类教学内容是以娱乐消遣为主,使学生在玩乐中体验运动快乐,达到身心愉悦、调节情绪的目的。这些内容在学校体育中主要是以游戏的形式出现,例如,苗族的走竹竿,壮族的投绣球,布朗族传布朗球等,民间传统体育项目有跳皮筋、斗鸡、呼啦圈等。将走竹竿中的器械简单变换,就可以成为一种新的体育项目,还有投绣球可以改编成丢沙包,布朗族的传布朗球可以改编成传手帕等。竞赛表演类教学内容是用丈量、计时、计分等方法分出胜负,有一定的规则要求,对抗性和观赏性较强,其中一些也有游戏的成分。如藏族的抱石头,蒙古族的搏克,维吾尔族的叼羊等,民间项目有骑马打仗、打垒球等。节庆习俗类教学内容与生活息息相关,文化底蕴深厚,活动形式多样,例如,瑶族"游泳节"游泳,东乡族"花儿会"、摔跤、拔河,壮族喜庆节日跳灯,藏族"插箭节"登高、射箭、拔河等。有些运动项目不适合在体育课堂教学中应用,如果对其进行适当的、因地制宜的改编,可成为既富有民俗特色,又适合体育教学的项目。

第二,现有运动项目的改造。对现有运动项目改造的方法无外乎降难、升易、改变规则或器械等。例如,竞技体育要融入学校体育当中,就需要降难,将竞技性强、规则要求复杂、难度大的竞技运动项目改编成学生乐学的教学内容。教师根据学生特征以及场地等情况灵活改编竞技运动项目,或者更改规则与运动条件,让学生易于接受。休闲娱乐类运动项目的改造同样如此,教师可以改变规则,增加难度。

第三,新兴时尚运动项目的开发。新兴时尚运动的开发丰富了体育教学内容,而且深受学生喜欢。例如,登山、野营、攀岩、速降等,必须注意安全教育和实操性。也可以利用网络资源等开发新兴的体育运动项目。"撕名牌"这个娱乐节目不仅在网络上收视率高,在现实生活中也同样深受青少年的喜爱。可以将这个项目引用到体育教学中,结合体能训练或者中长跑教学等,将原本枯燥乏味的体能训练和中长跑改造成学生乐于接受的"撕名牌"游戏,使教学变得更轻松有趣,也可以充分调动学生的积极性。通过对这些项目的开发,将学生追求的时尚项目改编为健康积极、参与性强、具有教育意义的教学内容,是体育教师应该具备的一项基本技能。

(2)改编的方式

改造法是改编的主要方式,在运用改造法对现有运动项目进行改造时,运用的条件和方式不同。

由于时间的限制或者动作技术结构的重复性,可以适当简化动作,通过删减动作数量来改造原有的技术,这种改编方式易于学生接受,也比较简单;通过降低难度或者增加难度来改编的方法,将使用器械的练习改为徒手练习,或者徒手练习改为使用器械练习,是运用增减负荷的形式来改编;修改游戏或者比赛规则来改编教学内容,增加了教学的灵活性,便于学生接受;将陆地项目移植到水中,如水中瑜伽或者水球等项目,增强了项目的趣味性;改变人员的组成或者练习的路线等,有利于学生掌握动作技术,如"三向五米折返跑"不仅锻炼了学生的反应速度,同时增强了他们的灵敏性;利用限制的方式,如将单人跑改为"两人三足",双脚跳改为"袋鼠跳"等,限制运动的方式,增强团队合作能力;利用夸张的方式处理道具,使学生便于理解。调整场地器材规则等,适应教学环境。

(3)改编的注意事项

第一,根据体育教学目标、学生需求和运动项目特征而改编。改造运动项目必须依据体育教学目标、学生需求和项目的特征。首先,在学校实际条件允许的情况下,在体育教学目标的指导下,尽可能兼顾学生的需求,对运动项目进行改编;其次,对于现在一些枯燥、乏味、难度较大的运动项目,也要根据项目特征对运动项目进行改造,不能脱离实际、胡编乱造。

第二，尊重民族特色，因地制宜改编民俗传统运动项目。首先，民族、民间传统体育项目具有浓厚的民族特色，在沿用这种传统体育项目时特别需要注意的就是尊重民族风俗习惯，不能有歧视或者打击民族风俗习惯的行为；其次，根据地域特征，开展适宜的传统体育运动项目，对不合适的民俗传统运动项目进行改编，以适应学生身心健康发展的需要；最后，在进行设计传统体育项目时一定要考虑安全教育问题，结合场地、天气等因素合理改编传统体育运动项目。

第三，关注体育时事动态，开发新兴时尚运动项目。在进行新兴时尚运动项目的开发时，也要有选择性。首先，大多数学生喜欢的新兴体育运动项目，参与程度高，也易引起学生的兴趣；其次，紧跟时代的步伐，大部分的学生自主性较弱，从众心理较强，教师应多关注时事，了解体育运动项目的最新动态，了解学生讨论的热点。

3. 教学内容安排技能

教学内容安排技能是为实现体育教学目标，根据教学内容编制依据，对教学内容进行排列的一种行为方式。内容包括教学内容安排的原则和教学内容的安排层次与方式。教学内容安排技能是在选择了教学内容，并对已选择的教学内容进行改编的基础上对教学内容进行安排的，教学内容安排是否合理，直接影响每阶段教学内容间衔接的连贯性，了解教学内容安排原则是极其重要的。

（1）教学内容安排的原则

第一，可接受原则。教学内容是根据课程标准和学生身心发展规律以及技能形成规律等制订的。在安排相关体育教学内容时，要结合学生的身心发展规律，在他们的能力范围内，布置可接受的体育教学内容。例如，将难度较大的教学内容分解，以逐级增加难度的方式排列，使学生在逐步提高技能水平的前提下，逐渐掌握更高难度的运动项目。

第二，巩固提高原则。巩固之前所学内容是对前面知识的复习与检验，让学生更牢固地记住前面所学知识；在巩固的基础上增加所学内容的难度，提高学生能力，才是教学的目的。在安排教学内容时，要根据教学的连贯性，使学生按照一定的客观规律，先巩固后提高，而不能只巩固前面所学内容，停滞不前，也不能一味地增加难度，拔苗助长，只有将巩固与提高相结合，才能使学生技能学习效果最大化。

第三，健康发展原则。以学生健康发展为中心，科学有效地安排教学时间，避免出现运动损伤等事故，是体育教学安排要遵循的重要原则之一，也是学校体育的首要准则。为了增强学生身体素质，培养学生的道德和意志品质，促进学生的身心健康，体育教学内容的安排必须以此为原则。

第四，因地制宜原则。体育教学内容绝不是随意安排的，需要综合考虑多方面因素。要根据学校所处地区特征及学校特色等多因素安排教学内容，让学生在有限的条件下，尽可能多地获取更多知识。这就要求根据当时情境，配合以场地的布置和器材的摆放，因地、因时制宜，有效合理地安排教学内容。

（2）体育教学内容的安排

第一，体育教学内容安排类型。按照教学内容不同类别与等级的层次，可以分为教材与参考书、教学计划、课堂学习内容；按照教学内容组织者及其制定者，可以分为国家与学校、专家与研究院、体育教师与学生；按照教学内容在不同层面的作用类型，可以分为宏观指导、具体指导、实践操作；按照教学内容的要求类别，可以分为必学内容、选学内容、介绍内容；按照技术与技能的发展，可以分为接触与感受、体会与认知，掌握、熟练、发展。

根据课程标准和不同教学内容的安排类型，能使教学更清晰。通过熟练运用教学内容安排技能，使体育教师更了解教学内容的出发点，更明确重、难点，从而提高教学效率。虽然教学内容类型很多，本书主要是针对教学计划中教学内容的编制。

第二，体育教学内容排列方式。体育教学内容排列方式主要有直线式排列、螺旋式排列和"混合型排列"。直线式排列是指已教授过的教材基本上不再重复排列；螺旋式排列是指同类教材在各年级反复出现，但逐年提高要求的排列。

体育教学内容排列的问题离不开体育教学内容层次。据此，有学者提出了"循环周期"的观点，并就"循环周期"将除体育知识外的体育教学内容分为"精教类"教学内容，归为充实螺旋式；"简教类"教学内容，归为充实直线式；"介绍类"教学内容，归为单薄直线式；"锻炼类"教学内容，归为单薄螺旋式。例如，田径项目在不同的学段，教学内容和教学要求均不同。

二、教学内容编制技能训练的过程与要求

体育教学内容题材丰富，影响因素较多，编制体育教学内容存在一定的难度。既有来自教学目标、教学内容选编方面的影响因素，又有来自学生特征和客观条件方面的影响因素。在诸多因素影响下，如何对教学内容进行选择、改编与安排显得尤为重要。本节主要介绍了体育教学内容编制技能训练的过程和要求，这对于掌握和运用教学编制技能具有极其重要的意义。

（一）教学内容编制技能训练的过程

教学内容编制技能训练的过程包括确定教学目标、编制教学内容、教学内容编制的评价与反馈。教学目标确定内容编制的方向；教学内容的编制由选择、改编和安排相辅相成；教学内容编制的评价与反馈可以检验所编制的教学内容是否合理有效。

1. 确定教学目标

确定教学目标是教学内容编制技能训练的起点，只有学会如何确定教学目标，才能准确把握教学内容的方向和细则，初步形成教学内容编制技能。体育教学目标是总目标，由

水平教学目标、学年教学目标、学期教学目标、单元教学目标和课时教学目标构成，是体育教学预期达到的最终结果，起着引领内容的作用。不同水平段、学年、学期、单元或者课时，教学目标也不同，应该掌握教育学、心理学和生理学等方面的知识，根据学生身心发展规律，依据新课标要求，科学合理地确定教学目标。

2. 编制教学内容

编制教学内容的训练包括教学内容的选择、改编和安排。教学内容选择技能的训练要尽可能多的涉猎不同运动项目，翔实了解运动项目的特征、规律和技术规格等详细信息，结合学生的身心特征，有针对性、有目的性地进行筛选；教学内容改编技能的训练要在选择技能的基础上，运用多学科、跨学科的知识，将不同运动项目的规则、器材、场地等混合搭配，富有创新意识的同时，也必须合情合理；教学内容安排技能的训练要与教学实际相结合，把握全局的同时兼顾细节，既要统筹水平、年级、学期的长期教学内容，又要考虑单元、课时的短期教学内容的统整与搭配，符合学生身心成长和认知规律。

3. 教学内容编制的评价与反馈

评价编制的教学内容分为两部分，一部分是通过专家、同行进行评价。有关体育教学方面的专家一般都是经过多年研究体育教学，有了一定的知识积累，在某个领域有自己独到的见解，他们的意见可以为教学内容编制增添光彩。同行指教学一线的体育教师，他们直接接触学生，通过课堂教学能够获得直接教学经验，对于教学内容编制提供实践经验；另一部分是通过学生评价，经过学习实践评价教学内容。学生是体育教学内容的体验者，他们对于体育教学内容的适应程度直接反映了教学内容的合理程度。

体育教学内容编制训练必须经过几轮的反馈调节，根据专家、同行的意见以及学生的反应做出恰当的判断，然后再进行教学内容的调整，如此循环反复才能不断提高编制教学内容的效果，形成体育教学内容编制技能。

(二) 教学内容编制技能训练的要求

1. 紧扣教学目标，合理编制教学内容

新的《体育与健康课程标准》提出了课程的总目标和具体目标，构建了本门课程学习的目标体系，而对完成课程目标所必需的教学内容只是给出了一个大致范围，为教学内容和方法的选择留出足够的空间。在进行教学内容编制训练时，要把握"目标统领内容"的要义。时刻紧扣教学目标，不能偏离。

合理编制教学内容必须重视其内在的逻辑性。教学内容内部不是毫无章法的，这种内在的逻辑联系要求在进行教学内容编制训练时，考虑方方面面的关系。教学内容的编制训练离不开对教学目标的理解和把握。无论是从整体到部分、一般到个别都需要结合教学目标实现教学内容的编制；选择教学内容时要依据课程标准与教材、各阶段目标、教师与学生、教学环境、社会与生活；再根据现有的资源进行改编，最后遵循由低到高、由易到难、由简到繁等规律安排教学内容。在进行教学内容编制技能训练时要遵循教学内容的逻辑性，合理编制教学内容。

2. 结合学生身心特征，科学选择教学内容

体育教学内容的选择是为了更好地将前人的经验技能传授给学生，让学生掌握锻炼身体的方法，提高生活情趣，学会思考，培养艰苦奋斗的意志品质。教学内容的筛选不仅要结合学生的心理特征，也要兼顾教学技能的形成规律。体育学科不同于其他学科，它的基本手段是身体练习，更加注重人体的感知技能和操作技能。在感知技能的形成过程中经历了选择适应阶段、理解加工阶段和巩固成长阶段；在操作技能的形成过程中经历了定向阶段、模仿阶段、联合阶段和自动化阶段，在编制教学内容时结合学生身心特征，能使教学内容发挥促进感知技能和操作技能最大限度地发展。

3. 利用已有经验，改编现有教学内容

经过多年的体育教学理论学习及实践，大多数教育者都具备了一定的教学经验和理念，对于体育教学实践具有宝贵的借鉴价值。随着时代的发展，许多教学内容不再适合当地的教学环境，应将现有的教学内容进行改编和整合，使教学内容生活化和现代化。许多新运动项目和游戏的出现，正是体育教学内容改编技能的运用。例如，将传统的中长跑教学改成八卦阵跑，增加学生学习兴趣，增强教学趣味性，让学生乐于锻炼，提高了教学效果。

不仅如此，还有利用环境、器械、规则等的变动来改编教学内容，从而使教学内容更符合教学和时代的要求。没有足球场的学校将篮球场利用起来，改编成迷你足球；跳高项目，将横杆换成橡皮筋，减少了学生的恐惧心理，同时降低了学习难度；篮球比赛中以每队的投篮命中率、传球率和配合程度等来判定输赢等。这些都是体育教师利用已有经验，改变现有教学内容的典型事例。在日常的学习生活和教学实践中，总结经验教训、反思过程效果，是形成教学内容改变技能的重要手段。

4. 灵活运用编制方法，有效安排教学内容

教学内容编制技能训练必须灵活运用编制方法，在选择和改编的基础上合理安排，使教学内容"活"起来。灵活运用编制方法体现在不拘泥形式、破旧立新，大胆选用民俗、民族和新兴运动项目，敢于尝试改造固有的教学内容，在安排教学内容时混合搭配、不拘一格。

合理有效地安排教学内容，能起到事半功倍的效果。教学内容安排技能训练要求，将具有新旧、难易、繁简等不同特色的教学内容科学搭配，既重视教学内容之间的相互协同，又注重其内部规律和逻辑性；既重视整体布局，又注重细节设计。例如，在安排学期计划时，既要考虑新课标、教材和水平的全局目标及教学内容编排，又要细化到单元、课时的教学内容分配，使整体的教学内容合理地分派到单元和课时中，有的放矢地完成课时

教学内容，达成学期教学目标。

5. 注重反馈与调节，整体评价编制的教学内容

教学内容编制是一个反复修改的过程，仅根据以往经验或者参照他人个案而完成的教学内容编制具有片面性。将编制完成的教学内容通过集体备课或者微课教学等教学手段，让其他体育教师或者专家进行品评，然后反馈意见，提出建议，调整教学内容，再次对教学内容进行编制，才会收到较好的效果。通过试教的形式，即经过教学技能大赛观看学生的反应，考察教学效果，也是对于教学内容编制的一种评价和反馈，只有不断地修改编制教学内容，效果才会越来越好。

对于教学内容的评价是多方面的，不仅要看目标达成程度，还要看是否符合学生的身心发展规律，是否具有教学意义和锻炼价值，是否结合生活与时代的发展等。只有对教学内容编制进行整体评价，才更有利于教学内容编制技能的提高。

第二节 学习指导技能训练探究

学习指导技能是依据体育课教学活动分类所要求的体育教学技能之一，主要是指体育教师根据体育教学的目标与要求，有针对性地进行系统、合理地指导学生的教学行为，目的是提高学习效率，激发学习动机。在体育教学中，学习指导是体育教师完成教学指导任务的重要手段与技巧，同时是教学活动的重要组成部分，是体育教师必备技能之一。

通过本节学习，将了解学习指导技能在体育教学中的优势作用与特征，懂得体育教学学习指导技能的应用范围，明确学习指导技能在体育教学中的重要地位，掌握内容讲解、问题引导、活动提示、身体示范、媒介展示和效果评价等学习指导技能在教学实践中的运用。

一、学习指导技能概述

体育教学的学习指导技能是教师根据体育教学内容特征和学生学习需要，在一定的教学规则下，有计划、有技巧、有步骤地顺利完成对学生学习指导的行为方式。学习指导技能主要包括：内容讲解、活动提示、问题导引、身体示范、媒体展示和效果评价等多种技能。体育教学学习指导技能的合理运用，能有效促进学生学习动机的激发与培养、主导课程的进程、发现与解决学习中存在的问题、促进师生的互动、提高课堂的教学效率。

（一）学习指导技能作用

1. 有利于培养和激发学习动机

学习动机的培养和激发是多种因素共同作用的结果，其中教师的学习指导技能是重要因素之一。教师根据教学内容的特征以及学生的身心特征，选择合适的指导方法，往往可

以有效提高学生的积极性，使学生在学习过程中保持高度自觉的能动状态。学习指导技能对于学习动机的激发主要表现在两个方面：首先，有利于原有学习动机的迁移，如根据教学内容的特征，采用合理的导入方式，可以提高学生的学习积极性，从而产生深层次学习的需要。其次，有利于学习自觉性的形成，建立深入学习的动机。教师可以因人而异地安排体育教学内容的学习指导方向，根据学生的特征引导教学活动的开展，进一步激发学生的学习兴趣与热情。

2. 有利于主导课程进程

课程进度需要多种因素共同推进，课堂教学是主要因素之一，而课堂教学的推进离不开学习指导技能的合理运用。在课堂教学中，通过合理的内容讲解、问题引导、活动提示、身体示范等多种学习指导技能，传授知识与技术，使学生快速掌握所要学习的内容，这样不仅可以提高课堂的教学质量，还能按照既有课程进度计划，不断推进体育教学。体育教学的学习指导技能会直接影响到课程的进程，强化体育教学所需要的各项基本技能的学习有利于主导课程的进程。

3. 有利于发现和解决学习中存在的问题

体育是一种身体实践的过程，教学过程必然有其特殊性，不同的教学内容的特征又有所差异，这就对教师发现和解决学习中存在的问题的能力提出了更高的要求。教师在教学过程中会遇到各种各样的问题，如学生不能掌握所教授内容等，良好的学习指导技能可以使教师迅速发现这些问题，并从学习指导的角度找到解决方法。体育教师应在掌握运动生理学、运动训练学、人体解剖学、运动心理学和学校体育学等专业学科扎实理论与实践基础上，总结、提炼出适合当前学校体育教学所需要的学习教学技能，以便更快、更准确地发现并帮助学生解决学习中碰到的问题。

4. 有利于促进师生互动，提高课堂教学效率

教学是一个师生双方思想、情感和知识的交流互动过程，而且这种良好的师生互动可以有效提高课堂的教学效率。体育技术动作学习与其他知识相比有其独特性，在掌握的过程中学生除了受到身体素质等因素的影响外，心理因素也会对技能的学习产生深刻的影响，通过选择科学合理的学习指导方法，增加师生之间互动，可以在一定程度上消弭这些因素，从而激发学生的学习动机，提高课堂教学效率。

5. 有利于课堂效果的及时评价反馈

课堂效果的评价反馈既是提高课堂时效的有效途径，也是推动教师及时修正教学方式、提高教学效率的有效手段。对于课堂中学生学习的动机、态度、效果，需要教师利用不同的指导技能去测试对比，从而选择出最能提升课堂效果的指导方法。教师在运用不同的学习指导技能时就是一个课堂信息的反馈过程，同时是教学课堂效果的反馈过程。在评价反馈中，科学的学习指导技能对反馈时机、评价方式等都会产生积极的影响。

（二）体育教学学习指导技能特征

1. 目的性

体育教学技能的运用是有目的的，体育课程的教学与学习也是一个有明确教学目标指导的过程，在达成教学目标的过程中，体育教师需要根据课堂教学目标、教学内容、学生身心特征等，科学合理地运用学习指导技能，明确不同教学环节与整个教学计划之间的联系，有目的地选择使用利于教学计划完成的学习指导技能。

2. 针对性

学习指导技能包含内容讲解、问题引导、活动提示、身体示范等多种技能，每一种技能在课堂教学中都会表现出不同的效用。教师在进行学习指导时，应根据自身经验，针对学生的课堂表现，有针对性地进行指导。此外，体育教学一般是依托体育项目开展的，而不同项目之间有着不同的项目特征和学习规律。在运用教学技能时，必须根据不同教学内容的特征和学习规律，针对不同的教学目标、重点、难点有针对性地选择合适的学习指导技能，从而最大限度地提高课堂教学效率。

3. 差异性

学习指导技能的差异性主要来源于两个方面：一方面是教学内容的差异性以及学生个体的差异性会促使体育教师选择不同的学习指导方法；另一方面，教师知识结构的不同又会导致对体育教学内容、教学过程等的理解有所差异，这种差异是被允许的而且是教学创新的起点。从这两个方面讲，差异性是学习指导技能的基本特征之一。

4. 经验性

经验是指在实践中获得的知识或技能，体育教学学习指导技能是教师通过初期学习后，在长期的教学实践中得到锤炼和提升的技能。在实际的教学中，同样的技术动作在经验丰富的老教师与年轻教师的课程中可以产生完全不同的教学效果，造成这种差异的原因之一就是学习指导技能的不同。体育教师需要经过长期的教学积累与总结，把握好所涉及的教学项目的技术要点、技术细节等，从而运用合理的学习指导技能指导学生学习。

5. 直观性

体育学理论与技能的学习都必须以人体完成运动技术动作为基础，教与学都具有很强的直观性，在体育教育过程中，单个运动技术的完成，技术与技术之间的连贯、流畅都需要直观地体现。在体育教学过程中教师要善于利用直观的教学手段引导学生感知的形成，如示范讲解法、多媒体的运用等，都体现了学习指导技能的直观性。

6. 有效性

让学生掌握所学内容，完成教学目标是学习指导技能运用的最终目的，也是选择学习指导技能的基本要求。针对不同的教学内容，教师可以选择运用不同的学习指导技能，也就是说能够完成教学目标，取得良好的课堂效果。学习指导技能必须是有效的，这是作为技能的内在要求。

(三) 体育教学学习指导技能内容

学习指导是针对学生整个学习过程的，在体育教学过程中针对每个部分教学内容、性质和特征的不同需要运用不同的学习指导技能，主要包括以下内容。

1. 内容讲解技能

体育教学活动中最重要、最常用的工具之一就是内容的讲解，教师利用语言这一工具，不但可以正确有效地把知识（信息）传递给学生，初步帮助学生建立动作表象，让学生知道要学习什么，该怎么学，最大限度地调动学生学习的主动性，而且还可以充分发挥教师个人的创造性。体育教师运用讲解分析描绘出来的动作图像将会在学生的脑中形成初步的印象，这种印象将会在学生后续的技术学习中引导学生完成技术联系，从而为整个技术动作的掌握奠定基础，这也是内容讲解技能的重点和所要达到的目的。内容讲解技能不但要求教师对教学内容进行深刻的理解与认识，更是展现教师教学能力的关键技能，内容讲解一定要注意要点准确、清晰，语言生动、简明扼要。

2. 活动提示技能

学生的学习过程是一个需要教师科学引导的过程，在体育教学过程中活动提示是引导的重要方法之一。技术动作的形成规律决定了学生在技术动作学习初期会表现出技术要点不清晰、技术动作不稳定等现象，这就要求教师在学生练习过程中做好活动提示，让学生根据任务结合提示进行思考，促进学生开展自我动作思考，强化技术动作概念。活动提示技能注重学习前和学生练习中的提示而非学习后的纠正。体育教师应该多次重复、及时经常地安排教学活动提示，提示重点要放在技术动作的要点上，切忌使用"注意用力""动作要协调"等没有明确提示意义的语言。常用的提示方法有：语言提示、标志物提示、限制物提示、动作提示和音乐提示等。

3. 身体示范技能

身体示范技能是教师或学生在教学实践中熟练示范自己运动技能水平的行为方式，是体育教师职业技能之一。在进行运动技术教学时，身体示范技能可帮助学生建立起技术表象。对于结构简单的技术动作可以采用完整示范的方式，而对于结构复杂的技术动作，可以采取分解动作示范的方式，帮助学生从简到难逐步掌握技术动作，扎实技术学习的基础，增强学生对技术分层的了解。在进行身体示范时还要注意示范队形、示范面、示范线路、示范位置、示范速度和示范类型的选择。

4. 媒介演示技能

随着多媒体等技术的发展，将计算机、互联网等媒介应用到体育教学中已成为必然，因此教师媒介演示技能在一定程度上也会影响着课堂效果。主要的技能包括教学硬件设施的使用技能、教学软件的使用技能以及利用网络搜集、处理信息的技能。常见的多媒体硬件设备主要包括投影机、大屏幕、视频展示台、多媒体计算机、DVD、录像机和音响等；常见的软件主要包括 PowerPoint、Flash 等，在传统的体育教学中使用较少，但是现代体育教师应该注重利用这些软件向学生展示、分析技术动作完成的过程，使学生可以利用自己的各种感官直接感知技术动作。搜集、处理与应用信息的技能是 2004 年教育部颁布的《中小学教师教育技术能力标准》中提出的必须具备的基本技能，在技能训练过程中不可忽略。

5. 效果评价技能

学习效果检验是对教学效果的有效检验，也是对教学内容的强化。在课堂教学中，教师必须对学生的学习情况进行评价，从而提升学生的主观能动性。评价内容、评价的标准、评价方式是效果评价技能形成的关键。就评价的内容来讲，主要是依托教学内容对学生技术动作的掌握情况、学习的态度、课堂效果等内容进行评价；就评价的标准来讲，主要以鼓励学生、激发学生学习兴趣为主，可以根据整体学生的学习效果制订评价的标准；就评价的方式来讲，可以采取定量评价与定性评价相结合的方式，同时要注重评价主体的多元化，如采取学生自评、学生互评、师生互评等形式。

二、学习指导技能的训练过程与要求

学习指导技能主要体现了新课改中以"教师为主导""学生为主体"原则。教什么、怎么教、如何教是学习指导技能要解决的核心。本节主要内容为体育教学学习指导技能的训练过程及要求，明确训练过程的内容及完成训练过程需注意的基本原则与要求，并通过实际的案例分析如何开展学习指导技能的训练。

（一）学习指导技能训练的过程

学习指导技能的提高必须明确教材内容与目标，采用恰当的教学方法、手段及教具，有效教学评价等。明确教材内容与目标是该项技能训练的前提与核心，根据教学对象采用恰当的教学方法、手段和器材是该技能训练的重要内容，有效教学评价则是检验教学效果与教师学习指导技能掌握程度的必要手段。根据教学目标、内容、对象采用的不同教学方法的搭配组合是学习指导技能训练的主要内容。

1. 明确教学目标、内容

体育课程的教学目标分为总目标与分目标，分目标可以按教学的时间分成课目标、周目标、学期目标、学年目标；也可以按教学的内容分为技术实践课程目标、技术实践课程不同水平段目标、体育理论课程目标、体育理论课程不同水平目标等。不同的教学目标涵盖了多项与之相关的教学内容。教学目标与教学内容是完成学习指导技能训练的前提，明确教学目标、教学内容才能有序地开展学习指导技能的训练。

2. 了解学生的身心特征

学习指导的对象是学生，学习指导技能的运用必须以学生的身心特征为基础，在训练过程中要做好学情分析。学情分析是教学准备中的重要部分，教学对象的身体素质特征和心理特征是完成学习技能训练一项重要的内容。只有对学生的身心特征了如指掌，才能有针对性的运用学习指导技能。在此环节，应该掌握多种身体素质与心理特征的分析方法与方式，例如：目测法、简易体能摸底测试法等，以此作为教学方法选择、学习指导技能运用的依据。

3. 灵活运用不同的教学方法

体育教学经过多年的发展，已经确定了一些普遍适用的教学方法与原则，例如，常见的教学方法有分解法、完整法、循序渐进法等；常见的教学原则有因人而异原则、整体与统一原则、适宜负荷原则等。但每一位体育教师都应根据教学目标、内容、对象的情况，在教学基本原则的基础上，结合自身对教学过程的理解尝试、创新更多的教学手段与方法。这些创新的教学方法的尝试与诞生是"教学有法、教无定法"的表现，也是学习指导技能训练过程中需要重点分析、完成的重要内容。根据不同项目、不同技术水平、不同教学目的变换不同教学方法是必要的训练过程之一。

4. 重视教学评价环节

教学方法、教具的不同组合与教学对象、教学评价之间是循环促进、相互影响的关系。其中教学评价会对方法使用的效果等进行评价，在训练过程中应根据评价的结果调整教学方法、教具的组织，体现了学习指导技能需要及时调整、及时更新的特征。

此外，教学评价不但为学习指导技能训练过程中的教师自我调整提供了外部促动更新的必要手段，更为教学技能的运用与创新提供了第三方的客观评价。教学手段的创新需要及时性，同时需要系统性。任何手段的创新的目的都是为了完成教学目标，而不是为了创新而创新。技能训练过程中不能忽视教学评价环节。

5. 记录、总结自我训练过程

记录和总结是反思训练过程，反馈训练效果的必要手段。在训练过程中，针对每一环节进行自我记录或由他人记录，对出现的问题、有待提高的部分进行重点标记，在训练结束后进行深入总结。根据总结的情况，有针对性地进行训练，可以有效提高技能训练的效率。学习指导技能训练的自我记录与总结是训练过程不可或缺的环节之一。

（二）学习指导技能训练要求

学习指导技能涵盖内容讲解、问题引导、活动提示、身体示范、媒介演示和效果评价等多种技能，在训练时除要使用合理的训练方法外，还要满足一些基本的训练要求，有效提升训练效果。

1. 理解通透，表达清晰

良好的语言表达能力是保障课程效果的首要因素，也是体育教师需要不断提高的教学指导技能。在体育教学过程中，教师应对所授内容理解通透并能用语言清晰地进行表述，这是对体育教师教学能力的基本要求。特别在体育教学中，要熟悉课程标准对课程的要求与内容，结合学生的实际情况制订详细的讲解教案。采用通俗易懂、精练到位的语言在教学中进行讲解。在学习指导技能的训练中，要注意理解能力和语言表达能力的训练，如传授性、正误示范性、激励性等相关用语的使用。

2．标准示范，准确美观

体育教学不同于其他学科的教学，在体育教学过程中，要求体育教师不但又拥有丰富的体育科学知识，更需要体育教师示范出符合各个运动项目的标准动作，并在标准的基础上力求准确及美观。良好的身体素质与运动技能基础是标准示范的基础与前提，在技能训练过程中要不断夯实运动技能基础，并能根据标准示范的要求，将技术能力转化为示范的能力。

3．尊重个体，区别对待

鲜明的个性是新时代学生的显著特征，个性的差异又产生了不同的学习需求，这就要求在课堂教学中运用学习指导技能时要从学生个体出发，做好区别对待。体育教学是一项特殊的教学活动，学生个体在心理、智力、身体素质上的差异会直接影响学生的学习体会。在教学技能训练过程中，应加强分析个体的能力，做好区别对待，从深入观察分析出发，根据学生的不同特征，学会运用科学合理的学习指导技能激发学生的学习动机，这是完成学习指导技能训练的基本训练，也是实现学生自主学习目标的起点。

4．熟操媒介，多元创新

当今互联网技术的发展和运用，已经渗透到教育领域，熟练地多媒体操作技术已成为新时代教师的基本要求。多媒体教学技能不仅要求教师具备传统环境下运用系统方法分析教学问题、确定教学目标、建立解决教学问题的策略方案，更要求教师具备设计多媒体教学的教学活动技能，合理利用计算机等多媒体设备和技术进行多元创新。在教学技能训练过程中，应注重加强多媒体技术的训练，包括对常见多媒体教学硬件、软件的使用以及利用网络搜集、处理和应用信息的能力。

5．注重反馈，及时纠错

反馈对于技能的习得很重要，学习指导每一种技能既有联系又有区别，在掌握过程中难免会出现各部分交叉混乱的现象，容易导致在教学过程中降低学生学习的效率。在技能训练过程中，要注重技能训练效果的反馈，在此基础上结合评价，及时纠错。

第三节 活动组织技能训练探究

活动组织技能是指根据教学内容、学生特征和环境条件等要素，组织与引导学生开展教学活动，从而高效实现体育教学目标的一种行为方式。活动组织技能是教师安排协调、组织实施、调动利用的能力，具有操作性、安全性、灵活性、规范性、有效性和严谨性等特征。活动组织技能包括课堂常规贯彻技能、活动分组实施技能、队列队形调动技能、场地器材使用技能等。通过本节学习，你将了解到体育教学中活动组织技能训练的作用和特征，掌握活动组织技能训练的基本原则和要求，学会活动组织技能训练的方法，并能在体育教学实践中灵活运用。

一、活动组织技能概述

体育教学是在一定的时间和空间范围内进行的动态活动过程，时空范围是相对固定和有限的，因而体育教学活动组织工作要确保高效、顺利进行，就必须经过精心的准备和设计，还要具备随机应变、灵活掌控的能力。活动组织工作比较复杂，贯穿课堂教学的始终，因此活动组织技能是兼具严谨思考和实践操作的技能。

（一）活动组织技能的作用

1. 激发学习兴趣形成学习动机

采用多种活动组织形式是激发学生兴趣，形成学习动机的必要条件之一。在体育教学中，教师根据活动场地器械，教学内容和学生情况，采用不同的活动安排、分组形式、器材使用等，可以调动学生学习的积极性，使他们兴致盎然地参与到体育教学活动中来。例如，通过发挥体育骨干的作用，让他们参与管理，示范练习，帮助后进的学生纠正错误动作等方法，使每个学生各尽所能，从而激发学习动机，真正体会到体育给他们的学习生活所带来的身心愉悦。

2. 创造良好的课堂氛围

课堂氛围是整个班级在课堂上情绪和情感状态的表现，只有积极的课堂氛围才符合学生求知的心理特征，只有师生之间、同学之间的关系融洽和谐，才能促进学生的学习和思维的发展。生动活泼的课堂氛围，会使学生的大脑皮质处于亢奋状态，易于全身心地投入体育活动中，减少突发性状况的伤害。活动组织技能可以通过教学活动转换、组织分组变换等方法，创造良好的课堂氛围，以调节学生的学习情绪，减轻心理负荷，激发学生最大的学习热情，营造更加轻松和谐的教学氛围，从而提高教学质量。例如，在篮球教学中，最初可采用随机分组进行教学比赛，观察学生们的技战术水平，然后利用异质分组，使高水平和低水平的同学配合组队，互帮互助，让每位同学都能最大限度地参与其中，再采用同质分组的形式，强强对抗，提高比赛的激烈程度，从而创造紧张、活泼、有序、奋进的课堂氛围。

3. 唤醒和维持学生的注意力

为了有效地组织学生活动，教师必须重视随时唤起学生的注意力，并尽量使其长时间保持较高水平的集中程度。从场地器材的布置、学生活动的队形、活动内容的转换以及组织手段的形式等方面，为学生创设一种富有激情、新颖的外界条件，使学生快速明确教学内容与要求，在较短的时间内将身心投入良好的学习状态中。恰当的活动组织技能有利于学生无意注意向有意注意过渡以及有意注意习惯的养成，也有助于意志较为薄弱或精神容易涣散的学生借助外因的作用集中注意力。可通过口令提醒、调整分组、规范课堂常规等方法，维系活而不乱的课堂秩序，起到唤醒和维持学生注意力的作用。

4. 提升体育课堂教学效率

所谓教学效率是指学生的学习收获与教师、学生的教学活动量在时间尺度上的度量，也是课堂上有效教学时间与实际教学时间的比率，必须以教学目标为依据。提高体育课堂教学的效率就是充分利用规定的有效时间，使尽可能多的学生较大限度地掌握和接受所教知识、技术和技能，达到较高的教学目标和良好的教学效果。规划编排组织形式、课堂前后的场地器械布置、课堂常规的严格管理、尽量延长学生练习等有效时间，缩短课堂分组、交替对接等过渡时间，是保证体育课堂教学活动顺利进行的基本措施，也是教师必须熟练掌握的活动组织技能，同时决定了一堂体育课的教学效率。

5. 加强教学的应变能力

体育教学的场地比较开放，教学环境相对复杂，干扰因素较多；学生人数较多，且大部分时间处于运动状态中；有些体操或需要持械的运动项目，存在较大的危险性等。综合以上原因，教师在组织教学中，除通过精心设计安排，尽可能避免运动伤害事故发生外，还必须能够通过活动组织技能的运用，如课堂常规的贯彻、调整分组、队形调动、场地器材利用等，及时纠正学生活动的不良倾向，有效处置安全隐患，处理突发事件，加强教学的应变能力，保证教学活动的顺利进行。

（二）活动组织技能的特征

1. 操作性

活动组织技能是教师组织教学活动能力的体现，只有在体育课堂活动组织实践中应用，才能体现其价值，而且活动组织技能中队列队形调动的口令、步骤以及课堂常规、分组练习、场地器材利用等环节，只有通过不断反复的实际操作练习，才能内化形成技能，在教学实践中应用自如。

2. 安全性

学生的体育学习主要是以身体运动为主，有些在强烈的身心负荷刺激中进行，有些则需要借助器械，具有一定的危险性。活动组织技能的安全性主要是教师在组织户外体育教学活动时，通过合理设计组织形式、及时调整活动安排、布置场地器材等方式，排减隐藏的不安全因素，避免伤害事故发生。

3. 灵活性

体育活动组织技能的灵活性是由体育教学活动的复杂性决定的，同时它又为体育教师创造性地开展体育活动组织提供了机会。组织形式灵活多样，活动安排也可以有一定的弹性，相同的教学内容以不同的组织形式施行，可能得到意想不到的效果；有时基本按照课前的预设进行，有时会出现各种突发事件，使教学计划不得不根据具体情况作灵活的调整，在这一过程中需要教师根据当时的情况，临时调整心态、修正策略，以便获得最佳效果。

4. 规范性

体育活动组织技能的规范性是教师通过不断练习，逐渐合理地安排教学结构和时间之间的关系，协调好分组与调动之间的接点，组织好课堂的活泼与混乱之间的矛盾，营造出一个轻松活跃的学习氛围。体育活动组织技能存在自身的规范和要领，必须严格遵守其实施规律、原则和程序，尤其是课堂常规贯彻、队列队形调动，切勿随心所欲、随意变更。

5. 有效性

体育教学目标多样，教学内容繁杂，且教学活动中的学生众多，并以个体的、积极主动的、形式多变的身体运动，在广阔的运动场地进行学习活动，学生活动范围大、人际交往频繁、受外界环境影响大、教学节奏转换快。活动组织技能可有效控制教师、学生双方的活动过程，稳定课堂秩序，高效调配人员和器材，保障教学活动高质量、顺利完成。

6. 严谨性

体育教学内容、种类、形式和影响因素繁多，各要素的相互作用和变化不确定，教师必须预先考虑到教学过程的每一个细节和可能发生的意外状况，设计规划每项活动。只有通过活动组织技能的应用，才能保障体育教学顺利进行，既充分调动学生的积极性、保持轻松活跃的学习氛围、合理布局与使用场地器材，又能高效完成教学目标，预防伤害事故的发生的技术和能力。

（三）活动组织技能的内容

活动组织技能多种多样，内容包括课堂常规贯彻技能、活动分组实施技能、队列队形调动技能、场地器材使用技能等。

1. 课堂常规贯彻技能

课堂常规是指在体育课堂教学过程中，师生共同遵守的、保证体育教学工作正常进行的一系列的基本要求。体育教师需要尊重学生的个性特征，加强课堂常规教育，采用教学用语，调控好课堂，注重示范引领，辅以惩罚教育，提高和促进课堂常规技能的形成。行之有效的课堂常规有利于加强学生的思想教育，迅速集中学生注意力，建立正常的教学秩序，营造良好的学习氛围，培养学生组织纪律观念和团队精神等优良品质。

（1）课前常规贯彻技能

制订工作计划和教学进度，每节课前要提前备课和编写教案，了解班级学生的情况和特征；服装整洁适当，精神状态昂扬；上课提前15分钟达到场地，精心布置好场地和器材，检查器材的安全性能；检查学生的着装，准备开始上课。

（2）课中常规贯彻技能

准时上课，整理队伍，师生问好，了解出勤和见习情况，特别注意见习生的管理，绝不能忽视、放任不管，可安排适当运动量或观摩、辅助教学工作；宣布教学内容和要求，必要时进行安全和纪律性教育；根据教学内容或实际需要，选择全班教学、分组教学或个别指导的形式，组织形式如无必要，切勿频繁切换，否则会占用有限的教学时间，降低教学效率；课程结束时，进行课堂小结和讲评，并安排课后练习的内容以及下次课的学习内容，回收器材。

（3）课后常规贯彻技能

下课后要清理场地，归还器材；及时总结课上的经验教训，根据课堂实施情况，反思教学过程，修改教案，以提升教学效果。

2. 活动分组实施技能

分组教学是按学生的能力、条件、共同爱好和需要等，把一个班分成若干小组，教师以组进行指导的教学活动组织形式。这种教学组织形式既保留了班级教学的长处，又能在一定程度上解决区别对待的问题，可以根据不同特征的各个小组进行分类指导，在体育分组教学中常用的基本形式有：随机分组、同质分组、异质分组和友情分组。活动分组实施技能必须预先设计分组方案、练习时间及调换时机，并能在课堂教学中执行，也可根据实际情况，随时调整分组的类型、人数、练习内容和时间等。

3. 队列队形调动技能

体育课堂教学从开始到结束都离不开队列队形的安排和调动，熟练应用队列队形调动技能，有利于师生的教学交流，为学生创造良好的运动氛围，直接关系到体育教学的效率和效果。

（1）队列队形设计与安排技能

队列队形设计与安排的终极目标是为教学活动服务，根据教学内容、活动安排、教学环境等要素，以简便易行、便于调动为原则，恰当选择和设计队列队形，同时，教师也应该选择恰当的站位，这样有助于教学指令的传达和兼顾每位学生的活动。

（2）口令指挥与调控技能

口令是体育教师的基本功，是专业的语言艺术，必须吐字清楚、发音准确、声音洪亮、音调协调、沉着冷静和运用娴熟，起到使学生毋庸置疑、迅速执行的作用。整队、调队等大部分口令已有固定模式，切勿随意更改；也可根据实际需要，组合应用。另外，还要熟练掌握队列队形基本术语，如横队、列、纵队、路、间隔、距离、排头、排尾、基准等。

4. 场地器材使用技能

体育教师必须从安全、科学合理的角度出发布置场地器材，不闲置、不浪费。首先，检查场地器材的安全性,避免在教学过程中出现教学事故;其次,场地器材的布置应有利于学生活动的开展,提高学生的练习密度;然后,要根据教学的具体需要,发挥场地器材的最大潜力,创造性完成学生体育练习与场地器材的有机结合;最后,通过场地器材的布置,彰显运动项目的特色,给学生创造良好的运动环境,激发学生对教学内容产生积极的兴趣。

(1) 固定场地器材的使用技能

体育教学所需要的既有足球场地、乒乓球场地、篮球场、体操馆等场馆,也有固定在体育场地上的足球球门、乒乓球台、篮球投篮架、双杠、单杠、滑梯和铁爬竿等器材。合理利用场地器材体现在场地既不空闲,也不拥挤;固定器材一般立于场地的边缘,使用之前需检查器械的性能和周边环境,排除安全隐患,控制好学生秩序,切勿打闹说笑,灌输安全意识,做到既不空置,又井然有序。

(2) 可移动器材的布置和使用技能

器械选择要简洁实用、安全卫生;数量规格清晰,满足教学需求为准;可移动器材的摆放要尽量向固定器材靠拢,不能占用教学空间。布局合理高效,保证体育教学目标的顺利达成。另外,在保证安全的前提下,可以改变器材的功能和用途,充分发挥其作用。例如,栏架除了可以用来跨栏,还可以当作球门,也可以作为一些钻跃活动的障碍物;可以将篮球、足球、排球等,当作橄榄球来参与比赛和游戏热身。

二、活动组织技能训练的过程与要求

(一) 活动组织技能训练的过程

1. 了解活动组织的作用

活动组织的作用是指教师通过协调各种教学因素,组织学生、管理课堂、设计教学环境、引导学生练习,从而有效实现预定的教学目标。体育教学活动主要以集体形式进行,因此自始至终都离不开活动组织的安排和调整,合理的活动组织安排,及时调整活动组织队伍,不仅能建立正常的教学秩序,严密组织教学,而且有利于师生交流,为学生高效的学习和练习创造条件,保证体育教学的效果和质量。

2. 确定活动组织目标

活动组织目标是在体育教学活动中,流畅合理地运用活动组织技能,确保课堂氛围活而不乱,教学秩序有条不紊,教学组织层次分明,教学活动顺利开展。务必熟练贯彻课堂常规,活动分组实施得当,符合教学内容和规范要求,队列队形安排和调动达到自动化水平,场地器材使用娴熟恰当,有利于体育教学目标的实现。

3. 掌握活动组织方法

活动组织方法主要体现在体育教学组织形式的选择和运用方面,讲解示范时采用集体

高校体育教学创新实践

组织形式，活动练习时采用分组组织形式，纠错帮扶时采用个别指导等。活动组织形式并不是越丰富越好，要根据教材内容、场地器材和学生的实际情况合理地采用分组教学。分组教学时，应把主要力量放在新授内容的小组；安排教材转换顺序时，应多照顾体弱组和女子组；要选好体育委员或骨干，最好是具有一定体育基础和组织能力的学生担任，让他在课中起到助手的作用。

4. 案例分析和经验总结

案例分析可以使练习者身临其境地感受体育教学的氛围和要求，加强活动组织技训练的真实感，提高训练的难度，使练习者通过分解他人的教学案例，透析活动组织技能的运用逻辑与方式，总结经验，吸取教训，并思考更多的组织形式以应用到实际教学中；经过及时的经验总结，反思教学过程中课堂常规是否严格贯彻，活动分组安排是否高效灵活，队列队形调动是否合理紧凑，场地器材使用是否安全得当、物尽其用，时常斟酌推敲活动组织运行过程，有助于此技能的快速提升。

（二）活动组织技能训练的要求

在体育教学中，为了让每一位学生都参与到教学活动中来，体育教师必须具备控制课堂、保证课堂良好秩序、指导学生活动的活动组织技能。课前要设计有效的方法；课上要把学生有序地组织起来，安排他们进行形式多样的教学活动；一个教学过程结束后，要有准确的评价和总结，机智灵活地处理突发事件，从而培养学生良好的学习习惯。体育教师要熟练地掌握活动组织技能、提高教学组织能力，就必须做到以下六点。

1. 分析课堂伤害事故案例，提高教学组织的重视程度

体育教学是以身体活动为主要手段的双边过程，教学组织中的考虑稍有不周，极易发生损伤类的事故，这不仅会给学生造成身心伤害，还会严重影响正常教学活动的顺利进行，所以在体育组织教学中要特别注意安全问题。体育教师要不断增强自身的安全意识，对易发生安全事故的教学有预见性，并采取积极的措施加以防范。例如，徒手练习时，不要安排学生站得太挤；器械练习时，只有先反复强调安全使用器械的步骤后，才能组织学生在安全范围内进行练习；必要时，如进行投掷实心球、体操的单杠、双杠的教学时，还应认真地设置合理的安全设施和安排正确的保护与帮助，从而保证课堂教学安全有序地进行。

2. 列出布置场地设施的图例，并进行评议

合理布局场地器材，是上好课和实现教学目标的物质保证。教师在上课前列出布置场地设施的图例，按照上课流程进行评议，能充分利用场地器材，提高场地使用率；有利于课堂组织队伍的调动，合理安排练习强度，增加学生练习的次数，提高课堂效率。体育课堂的组织方法与场地的大小、器材的数量有着直接的关系。体育教师为了达到教学目标，要合理利用现有的场地器材，精心设计组织教学。例如，在小场地上同时有几个班级上

课，可采用"定位法"组织教学；还可以充分利用学校的自然环境和建筑物，做"顺势法"的组织教学；在面积不大的有效活动范围内，可以用循环练习的组织方法安排分组循环练习等。

3. 加强课堂常规、队列队形调动的模拟练习

由于体育教学目标、教学内容、学生人数、学习基础等条件都不尽相同，以及教学活动复杂的动态过程中的干扰因素很多，再周密的设计与规划都会遇到变数和意外；另外，教学组织活动是一个完整的教学系统，在前进过程中是由一个个相互联系、前后衔接的环节构成的，其中任何一个环节的活动如果脱离了整体或与整体不协调，就会削弱整体的效果。必须加强活动组织技能训练，尤其是课堂常规、队列队形调动的模拟练习，做到心中有数，才能在实际教学中游刃有余。

4. 掌握教学分组类型，反复实践体验分组及调动过程

学生是学习的主体，要充分了解并研究学生，包括所教学生的人数、年龄、性别、身体状况、体育基础和生理心理特征、个体差异等情况才能更好地进行合理教学分组；了解并研究学生的具体情况，还有利于体育教师制订或修订科学的、符合学生的、操作性强的体育课堂常规及正确执行教学常规的方法措施，组织有效的体育教学。分组教学对体育教学组织工作和学生的学习准备要求较高，教师只有反复的实践体验分组及调动队伍，才能提高教学过程的速度与规模，从而提升教学的质量和效果。

5. 观摩优秀课例，提高教学组织技能

观摩优秀体育教学课例是指平时常见的体育公开课、体育优质课、体育汇报课等，是体育教师提高教学组织技能的有效途径和交流平台。从优秀课例中，我们可以了解体育教学的先进理念、体育教学手段和教学技巧、驾驭课的教学组织技能和场地器材合理布局。所以在进行体育观摩课"观"的同时更要进行"摩"，只有观和摩同步了，才能在学习的过程中体会更深，提高活动组织技能。

6. 积累经验记录整理，形成自己的教学组织风格

体育课堂的教学组织经验，大致体现在：队列队形组织与管理、学生（包括班干部、体育骨干的管理以及学习小组等）的组织与管理、课堂质量监督与管理、教学效果监督与管理、体育器材管理和伤害事故预防等一系列细节问题。细节决定成败，教育管理方式、方法是否得当，是课堂教学的关键所在，这就要求体育教师不断加强体育专业理论的学习，同时要加强教育学、心理学等理论的学习，甚至还要学习掌握管理和交际方面的一些知识和技巧，积累经验记录整理，形成自己的教学组织风格运用于体育教学活动中，还要指出的是，体育教师专业素质（包括如语言、示范等方面能力）、道德素养、文化底蕴和个人魅力的提升都直接影响到组织教学经验记录和风格的形成。

教学组织风格的形成不是一蹴而就的，是在不断地学习和教学实践中逐步积累提升的。

通过在实践中勤学苦练,在教学中深刻反思(课中反思、课后反思、阶段性反思、对话反思和录像反思等),在培训中发展提高,在竞赛中大胆展示等方法,提升自身的教育教学能力和水平。

第四节 负荷调控技能训练探究

负荷调控技能是指为提高学生体质和技能水平,在运动负荷理论指导下,通过不断的教学实践而逐步形成的、科学合理安排和调控运动负荷量负荷强度的行为方式。为了让学生更好地掌握运动技能和提高学生的身体素质,负荷调控技能也是必须掌握的教学技能之一。负荷调控技能包括心率水平预计技能、练习疲劳判定技能、练习密度调整技能、练习强度调控技能等。通过本节学习,将了解到体育教学中负荷调控技能的作用和特征,理解掌握负荷调控技能的内容,并熟练运用负荷调控技能解决教学实践中的相关问题。

一、负荷调控技能概述

运动负荷反映了人体接受外部刺激后,机体内部所承受的刺激反映出的程度和等级,包括生理负荷和心理负荷两个方面。在体育教学过程中,一般采用一定的练习强度、练习密度、连续练习时间和练习量,使学生机体内部系统承受"额外身体负担",力图对其生理和心理施加积极影响,以达到提高学生身体素质,促进学生身心健康发展的目的。负荷调控技能即是体育教师在上述体育教学实践过程中对教学负荷(包括运动强度、运动量等)加以科学监督和评价的最终体现。

(一)负荷调控技能的作用

熟练掌握和运用负荷调控技能是教学经验和技巧成熟的表现。负荷调控技能在体育教学中的作用和价值,主要体现在以下几个方面。

1. 有利于保障学生安全

在体育教学过程中,体育运动项目繁多,运动项目的负荷各异,加之学生身体素质不同,由于负荷调控技能掌握不理想,导致体育课安全事故的情况时有发生。掌握并灵活运用负荷调控手段和方法,形成良好的负荷调控技能,在体育教学中,对运动负荷进行实时监督和调控,不仅有利于保障学生体育课安全,同时有利于降低学校体育运动风险。

2. 有利于促进学生体能发展

体能是通过力量、速度、耐力、协调、柔韧、灵敏等运动素质表现出来的人体基本的运动能力。体能水平的高低与人体的形态学特征以及人体的机能特征有着密切的联系。尤其是中小学生正处于心理和生理发育的关键时期,骨骼与肌肉、身高与体重等迅速增长,他们的机能状态将呈现独有的特征,亟须通过体育锻炼以达到促进身体机能发展的目的。

因而，体育教师掌握并运用负荷调控技能，将学生的外部身体活动和行为限定于个体生理机能的安全负荷域范围内，不仅可以有效地避免运动疲劳和危险情况的发生，还有利于促进学生体能的健康发展。

3. 有利于培养学生心理素质

情感体验、注意力和意志品质是学生心理素质培养的重要组成部分。在体育课堂教学中，上述三种心理品质最直接的反映就是运动兴趣，而学生的运动兴趣也需要适宜的运动负荷来刺激。如果学生所承受的运动负荷过小，体育课就往往上得平淡、消沉，体育锻炼效果无法体现，课上学生的意志品质也很难得到锻炼，此时学生注意力会分散，也感觉不到运动的乐趣；而如果学生所承受的运动负荷过大，又会使学生感到疲惫不堪，注意力会分散，运动的乐趣和意志力虽然得到一定满足，但却表现得过犹不及，容易挫伤学生以后参加体育学习的积极性，且容易造成运动损伤。如果能够掌握和运用负荷调控技能，合理安排运动负荷，并适时调控，则会在促进学生掌握技术动作、发展体能的同时，也能使学生的学习情绪高涨，会更容易在运动中体验到成功感、愉快感和自我价值感。

4. 有利于课堂教学组织

体育教学以身体练习为基本手段。学生必然要承受一定的运动负荷，这也是体育教学区别于其他课程教学的重要特征。而掌握运动负荷调控技能的熟练程度，会对课堂教学组织产生影响。熟练掌握体育教学负荷调控技能的体育教师，课堂组织科学合理，教学安排高效紧凑，学生在掌握了运动技能、发展了体能的同时，也能提高学习兴趣，成功感、愉快感和自我价值都能得到实现。而没有掌握体育教学负荷调控技能或掌握较差的教师，课堂组织往往较为松散，教学效果很难保证，学生学习兴趣容易下降，注意力也容易分散，课堂表现较为散漫，正常的教学活动往往受到影响而难以维系。体育教学负荷调控技能的掌握，可以为组织课堂教学起到事半功倍的作用。

5. 有利于课堂锻炼效果评价

在体育教学过程中，科学合理地安排体育课的运动负荷是学生锻炼身体和掌握运动技能的关键。运动负荷过大或过小，都不利于体育教学目标的达成，不利于学生的身心健康成长。运动负荷太小，运动刺激就较弱，身体锻炼效果就无法得到有效保障。这不仅不利于学生运动技能的掌握，更不利于学生的体质健康，同时体育课作为磨炼青少年意志品质的"竞技场"，过小的运动负荷，也起不到提高学生意志品质的作用；而运动负荷过大，则又超出了学生身心所能承受的限度，容易引起疲劳和损伤，这对正处于生长发育期学生而言十分不利。在体育教学过程中，能够对运动负荷进行科学合理的调控，既有利于及时掌握课堂教学效果，又有利于监督和评价学生的锻炼效果。

（二）负荷调控技能的特征

1. 实用性

学生承受一定的运动负荷，可能会产生相应的适应结果，但不是只要施加运动负荷，就一定会产生良好的适应。机体产生良好效应的现象只发生在适宜的运动负荷条件下,而在面临运动负荷骤然提升时,机体便会产生不良反应,导致疲劳、伤病甚至出现生命危险。体育教学负荷调控既要准确,能够将运动负荷调控在适宜的负荷域范围内,又要在面临运动负荷骤然提升,将要导致疲劳、情绪波动和注意力分散等情况下,迅速及时地将运动负荷调控到合理范围内,重新点燃学生的体育学习热情,这些都集中体现了负荷调控技能的实用性特征。

2. 可控性

身体练习能否达到预期锻炼效果,达到什么样的锻炼水平,在很大程度上反映出负荷调控技能的掌握情况。科学研究表明,学生个体所能承受的运动负荷存在一个最优区间——最佳负荷域,最佳负荷域是指体育课或运动训练中,适宜运动负荷的底限至高限范围,可以用运动心率表示,也可通过运动后的外部身体特征(如出汗、呼吸等)及主观感受反映。而上述定量、定性的测评手段和方法,是掌握负荷调控技能不可或缺的,这体现了负荷调控技能可控性的特征。

3. 经验性

负荷调控技能的掌握是一个反复训练、长期积累的过程,不可能一蹴而就。在体育教学过程中,既要遵循体育课教学一般规律,又要考虑学生对于负荷强度和负荷量的可接受性,还必须掌握一定的科学方法和手段,对体育教学中的运动负荷进行实时监督和调控,确保体育活动安全适量。由于教学经验丰富的一线教师长期从事体育教学工作,积累了丰富的教学实践经验,对于体育课的内容和节奏安排都已经相当熟练,在课堂上,只要观察学生运动后的身体机能反应,如面部表情、谈话等,就可以判断出体育课运动负荷情况,并可以根据判断及时调整课的内容、节奏等。这体现了负荷调控技能的经验性特征。

(三)负荷调控技能的内容

掌握负荷调控技能,首先要了解运动负荷调控技能包括哪些内容,然后再进行专门学习,反复训练,逐渐形成负荷调控技能。为了突出负荷调控技能的实用性和实践价值,根据运动负荷产生的生理和心理因素,重新划定了负荷调控技能的内容,包括心率水平预计技能、练习疲劳判定技能、练习密度调整技能和练习强度调控技能。前者(心率水平预计技能和练习疲劳判定技能)与负荷调控技能的相关理论知识结合最紧密,而后者(练习密度调整技能和练习强度调控技能)则与体育教学实践结合最紧密。

1. 心率水平预计技能

生理负荷是运动时人体各器官系统所承受的刺激程度,这一刺激可以用一些生理或生化指标反映,如心率、血乳酸、最大摄氧量等。一堂体育课运动练习的强度、次数、持续时间和密度是影响负荷域的四个基本因素。按运动生理学要求,一般体育课运动负荷应达到最大心率的70%～85%或最大吸氧量的50%～70%为最佳心率范围,这也是最佳价值负荷域。

当了解和评价一堂体育课的生理负荷时,最为常见的就是用心率来预计体育课的运动负荷情况。如果一堂体育课大部分时间学生的心率水平控制在最佳价值负荷域范围内,那么从负荷安排角度来说,这堂课比较成功。心率水平预计技能就是指通过一次课上多次测定学生心率的方法,来获得整堂体育课的平均心率,使得体育教学负荷域控制在最佳心率范围内。在此范围内参加体育活动,身体功能将得到较好的锻炼。目前公认的体育教学最佳负荷域参数是:全课平均心率维持在120~140次/分钟左右。要准确测量运动时的心率,最好有心率监测器的辅助。但在体育教学实践过程中,一般采用另一种较为简单合理的方法,即在运动结束后60秒内,让学生自我测量10秒或15秒脉搏数,然后将搏动次数乘以6倍或4倍,计算运动时的平均心率。

学生在单位时间内完成一次较大强度或密度的身体练习后,必须了解学生心率情况。以便调整负荷强度和负荷量。一旦有超过上述心率范围的情况出现,说明运动负荷已经偏大,需要让学生有足够的休息时间以恢复到最佳负荷域范围内。在一次较大强度身体练习后,负荷域上限换算成脉搏数后,10秒脉搏搏动须在25次以下,15秒脉搏搏动须在40次以下较为合适。

2. 练习疲劳判定技能

体育课中疲劳的程度一般与运动负荷呈正相关,我们可以根据学生的表现情况判定运动负荷大小,由此形成了负荷调控技能中的练习疲劳判定技能。练习疲劳判定技能属于心理负荷调控范围,包括自我疲劳判定法和教育观察法两种,前者是学生主观自述评价,后者则是教师课堂观察学生练习后的反应。

(1) 自我评估判定

瑞典心理学家贡纳尔·博格(Gunnar Borg)通过学生自述主观感觉,又经严谨的实验验证,发展出一种《主观感觉辛苦程度量表》。他将个体主观辛苦或吃力程度分为6~20等级,在量表设计时已经充分考虑运动者的体能水平、环境因素及一般疲劳程度,且研究结果显示,其量表与运动心率及摄氧量具有极高的线性相关。即若把学生的RPE数值乘以10,与其运动时的实际心率显著相关。RPE可以成为有效地成为估算学生运动时心率的根据。例如,学生在运动时感受到RP数值为16,那么他/她当时的心率约为$16 \times 10 = 160$次/分钟。

自我评估判定所需器材:秒表。具体步骤及注意事项:①这是一个简单易行的学生自我判断运动负荷的方法,只需询问学生辛苦程度即可。②运动中的疲劳程度分为20级,每2级辛苦程度递增,该表由6级开始逐级递增,当教师询问(或发现)有学生在课堂上由于运动负荷原因,表现出非常辛苦吃力(17级)时,应当及时调整练习强度。③体育教学主体部分应从12级(较轻松)至16级(较辛苦)之间进行,热身及放松阶段应使学生处于 6 级至 11 级（轻松）之间，学生在简单快乐中开始或结束体育课程。④经过科学验证，以下 RPE《主观感觉疲劳程度量表》中各级疲劳程度的递增与运动时心率呈高度线性相关。

（2）教育观察判定

教育观察判定是针对体育教师如何通过观察学生运动后外部特征判断并调控运动负荷强度的方法，是体育教学过程中体育教师最为常用的一种负荷调控方法。他是教师根据经验和直觉，观察学生的脸色、表情、出汗量、气喘、反应速度及协调能力等，判断其承受运动负荷的情况和疲劳程度。

3. 练习密度调整技能

练习密度和练习强度不仅是体育课运动负荷产生的基本构成要素，也是造成学生机体负荷过大或过小的主要原因。练习密度调整技能和练习强度调控技能是负荷调控技能必不可少的实践技能。

练习密度主要由练习组数、次数、速度和练习时间等要素构成。练习密度调整技能是在运动负荷理论指导下，在教学实践中对练习组数、次数等反复调整而逐步形成的科学合理安排和调控运动负荷量、负荷强度的行为方式。在体育教学实践中，负荷调控一般遵循"调低降高"原则，即运动负荷大，适时降低负荷强度和负荷量；运动负荷小，适量增加负荷强度和负荷量。而练习密度调整技能则在注重负荷调控的基础上，更加注重负荷调整与体育课的练习、指导相结合。具体而言，运动负荷过大时，可以通过减少练习组数、次数，增加间歇时间等方式以达到降低运动负荷密度的目的，而运动负荷过小时，则可以通过增加练习组数、次数，减少间歇时间等方式以达到增加运动负荷密度的目的。

4. 练习强度调控技能

练习强度主要由练习距离、高度、练习时间和方式等构成。练习强度调控技能则是在运动负荷理论指导下，通过对体育课堂中的练习距离、高度，练习时间和方式等反复调控而逐步形成的运动负荷调控方式。练习强度调控技能更加注重练习的内容和要求。运动负荷过大时，可以通过讲解示范、游戏等方式降低运动负荷强度，而运动负荷过小时，则可以通过增加练习组数、次数等增加运动负荷强度。练习强度与练习密度其实紧密相关，互有重叠。只是练习强度更加注重内容和要求，而练习密度更加注重练习与指导。

二、负荷调控技能训练的过程与要求

体育课的教学负荷由练习强度、练习密度、练习数量和持续时间等要素构成，产生的教学负荷包含生理负荷与心理负荷两种。由于学生的身体素质、运动能力等都存在个体差异，在体育教学过程中，如何对运动负荷进行调控就显得尤为重要。

（一）负荷调控技能训练的过程

任何技能的形成都有其自身发展过程，负荷调控技能的形成需要一个较长期的过程来完成。过程一般包括5个阶段：确定训练目标、选择调控内容、确定调控方法、预判调控效果、反思提高创新。

1. 确定训练目标

体育教学的目的，除了学习运动技术、技能外，还要起到促进学生身心健康发展，培养学生体育运动兴趣的作用。负荷调控技能的训练目标主要包括以下几个方面。

（1）认知目标

了解运动负荷的生理基础，了解运动负荷调控的意义，掌握负荷调控的原则和要求，能够对体育课堂中的运动负荷情况进行正确的评价。

（2）操作目标

掌握心率水平预计技能，练习疲劳判定技能、密度调整技能和强度调控技能，掌握体育课负荷调控的模式（单高峰型、高峰偏前型、高峰偏后型、双峰型或多峰型）。体育课负荷调控总体要求是让运动负荷逐步上升到一定程度，保持相对平稳的一段时间，然后再逐步下降到相对安静的水平，既要使学生的身体得到充分的活动和锻炼，又不至于影响课后其他课程的学习。

（3）情感目标

增强运动风险防控意识，体验负荷调控技能提高教学效果的成功感，使体育教师对负荷调控形成自己的价值判断，形成富有个性的负荷调控教学风格。

2. 选择调控内容

针对学生身心发展特征和状态以及体育教学任务等，运动负荷的选择和安排应有所不同。体育课的运动负荷原则上以中等能力的学生为基准点，这也是大部分学生经过努力才能完成的。同时还要兼顾两头，围绕基准点上下波动，安排不同层次学生，进行不同次数和组数的练习，以满足不同的需求，确保每个学生身体素质都得到提高。例如，低年级运动负荷不能太大，特别是运动持续的时间不能太长，否则对学生的身心发展有害无利；疲劳时应降低运动负荷，否则不利于恢复，甚至造成伤害；体能锻炼课运动负荷可以合理加大，而新授课的运动负荷不应太大，否则会影响教学效果。

练习内容上，要反映出体育课组织教学的三个基本部分：通过身体活动，逐步克服机体惰性而进入工作状态的准备部分；通过专项练习，完成体育课主要任务的基本部分；通过放松练习和总结，使机体逐步恢复到课前状态的结束部分。在体育教学三个部分中，要根据学生的运动状态及时调整运动负荷，如果学生的运动能力、身体素质较好，那么可以加强练习的强度和次数，以确保学生达到运动锻炼目的。而如果天气及周围环境不佳，学生运动能力状态也不佳，那么，应当减少运动强度和组数，以免造成运动疲劳和受伤的情况发生。

3. 确定调控方法

在熟练掌握负荷调控相关理论知识基础上，根据课堂实际需要和前面所学的练习密度调整技能和练习强度调控技能，便可以确定调控方法。这一阶段要求基本掌握负荷调控技能的内容，在熟练运用负荷判定方法对运动负荷进行判定的基础上，能够对体育课的运动负荷进行科学合理的调控，顺利完成负荷调控和评价任务。

4. 预判调控效果

在经过负荷调控后，就需要对负荷调控的效果进行预判。这主要是检验前面的心率水平预计技能和练习疲劳判定技能的掌握情况。就心率水平预判技能而言，已经给出了详细的方法步骤，例如，使用讲解法放慢教学节奏，以降低运动负荷，但在不清楚学生心率水平是否已经恢复到负荷域范围内时，可以选择一名有代表性的学生，让其食指及中指轻轻放于桡动脉处，体育教师看秒表喊"开始"计时，学生自我感知脉搏数，时间至"10秒"或"15秒"时，教师喊"停"询问学生脉搏数，如果学生脉搏搏动超过"25次/10秒"或"40次/15秒"说明还需要休息，如果低于最佳负荷域较多，学生都处于安静心率水平，说明休息过多，下次讲解示范时间需要适当减少。

5. 反思提高创新

经过负荷调控理论知识和负荷调控技能内容的学习后，练习者已经对一堂体育课的负荷量和负荷强度有了清晰的认识，也基本上能够准确设计练习密度，预计最高心率和平均心率。但如果想要将运动负荷调控技能运用自如，达到自动化，前面这些都只是掌握负荷调控技能的第一步。因为负荷调控技能的获得是一个反复训练，不断总结提高的过程，负荷调控技能如果想要达到自动化的程度还需要练习者反复练习，反思提高才能实现。也可根据教学实践需要，寻求多样的负荷调控方法，创造性地完成负荷调控任务。

（二）负荷调控技能训练的要求

1. 体验负荷调控带来的生理反应

运动负荷本身既是对身体承受力的考验，也是对身体结构的一次重塑。不同的运动负荷将会对学生的身心产生不同的影响，对教学效率起到不可低估的作用。在进行负荷调控技能训练之前，练习者要先体验不同的负荷调控方法，机体所产生的差异性感受。例如，突然提高或降低运动负荷，身体会不会感觉到不舒服；缓步提高运动负荷，身体的感受有何不同。练习者经过亲身体验负荷调控的过程，会更加认识到负荷调控的重要性，有利于在教学实践中科学、有效地实施负荷调控技能。

2. 了解心理负荷调控的内容与方法

心理负荷也是体育教学中不可忽视的重要影响因素，必须要了解心理负荷调控的内容和方法。在体育教学的准备部分，要采用各种各样、丰富多彩的教学手段和教学内容，去激活学生课堂情绪。进入基本部分教学时，在学生注意力集中的情况下，教给学生一些新颖的、关键性技术动作，而后，可根据学生的不同特征，再进行个性化的动作技术练习和指导，去完成经意志努力所能达到的教学目标。

3. 分析调控不当的伤害事故案例

负荷调控技能训练，不仅是掌握负荷调控技能的训练方法，学习负荷调控相关理论，还要能够分析因调控不当而发生的伤害事故案例。在分析伤害事故案例过程中，发现在体育教学实践中的不足，及时改正自己的错误，进一步提高负荷调控技能水平。

4. 情境中及时判定运动负荷

负荷调控技能的训练不仅要体验负荷调控带来的生理反应，了解心理负荷调控的内容和方法，还要能够在情境中及时判定运动负荷的情况。进行负荷调控技能训练时，应尽量模拟真实情境，使练习者有的放矢，亲力亲为的感受与执行，在真正的体育教学实践中做到游刃有余、不急不躁、运用自如。例如，在安排教学内容时，要合理搭配不同的运动负荷，如把强度较大的跑、跳跃与强度较小的投掷、韵律操和舞蹈等内容组合。若设计的教学内容达不到一定的运动负荷要求，还要安排专门提高身体素质的练习来弥补，以使整堂课的负荷安排处于负荷域范围内。如运动强度和运动量较大则要适当减少练习的组数和次数，以使运动负荷降至最合适的负荷域范围内，达到提高身体素质、培养运动能力的目的，这些都需要在情境中完成。

5. 演练运动负荷调控手段与方法

运动负荷调控手段与方法是负荷调控技能形成的知识基础和主要构成要素，也是负荷调控的关键所在。通过感知，如果发现学生不适合现行的负荷，应立即采取相应的调控手段与方法进行调整。不仅要求练习者对学生身体素质方面有较全面地了解，且具有一定的教学经验，注重学生信息的反馈，更要熟练掌握负荷调控的手段与方法。负荷调控要综合分析多方面信息，把量化分析与直觉判断相结合。这要求在保证负荷调控理论知识熟练掌握的基础上，经常演练负荷调控手段与方法，尽快使负荷调控技能达到自动化程度，在体育教学实践中娴熟应用，得心应手。

第五节 保护与帮助技能训练探究

保护与帮助技能是指在体育教学过程中，为安全、高效地实现教学目标，根据学生身体素质和技能水平，合理设计与运用各种保护与帮助方法的行为方式。它包括反复练习或模仿而形成的初级技能，也包括在教学理论基础上因多次练习而达到自动化水平的高级技能，即教学技巧。保护与帮助技能包括安全措施落实技能、技巧摆脱危险技能、助力完成动作技能和外部（信号、标志物、限制物等）手段运用技能。

通过本节学习，你将了解到体育教学中保护与帮助技能的作用和特征，明确保护与帮助技能的基本内容和方法，掌握保护与帮助技能训练过程和训练要求。

一、保护与帮助技能概述

保护与帮助是为了防止教学意外和达到教学目标而采用相应的手段与方法，以及在学习有困难或无法独立完成动作时，直接或间接协助学生完成动作的教学活动。实施保护与帮助，不但可以摆脱危险的困境，避免受伤，还有助于减轻练习者的心理负担，消除顾虑，增强信心，便于建立正确的动作概念，掌握动作技术，提高动作质量。

（一）保护与帮助技能的作用

1. 有利于防止或减少伤害事故

体育教学存在着一定的难度和危险性，极易发生拉伤、擦伤、骨折等意外伤害。如若管理松懈，措施不当，则更易酿成安全事故。防止和减少伤害事故的发生，是学校体育工作的重点，亦是教师上好体育课的重中之重。根据教学内容、教学对象、教学阶段等实际情况，熟练运用保护与帮助技能，科学合理地设计教学方案，做到胸有成竹，只有防患于未然，才可以有效防止或减少伤害事故的发生。

2. 有利于促进体育教师知识的再学习

保护与帮助的设计，是综合运用各种基础理论与技术知识的过程，它需要教师具备多元化的理论知识和熟练掌握运动技术动作。随着教学改革的逐步深入，体育课堂教学内容不断丰富，一些新兴的运动项目，如橄榄球、轮滑、攀岩、体育舞蹈、节奏体语、街舞等走进了课堂。同时，各种新的理论也在推动体育教学的发展，如核心力量训练理论、功能训练理论、筋膜学等。为了更有效地实施保护与帮助技能，高效安全地完成教学任务，教师必须通过各种渠道进行理论与实践知识的再学习，深入了解和分析相关信息。

3. 有利于增强学生运动安全的自我防范意识

在教学的初期，教师会较多地使用保护与帮助，随着教学和练习的加深，学生需要逐渐摆脱教师的保护与帮助，独立完成动作练习。学生在学会运动技能并能独立完成运动技术的过程中，需要把教师的保护与帮助转化成自我保护，并通过对动作技术的不断练习和理解，提高自我保护能力，增强运动安全的自我防范意识。把教师的保护与帮助转变成自我保护能力，是实现学生运动安全的重要途径。

4. 有利于提高学生体育技能学习的有效性

学生在运动学习的初期，因对运动技能的理解不足，练习方式与用力次序不了解，势必会产生各种多余的、不协调的、甚至是错误的动作。此时若得不到教师的指点与帮助，那么练习效果就会下降；相反，如果在学生练习相对困难时得到教师的及时保护与帮助，就会提高练习的效果。以跳箱分腿腾跃为例，在教师的保护下，学生逐渐消除了对跳箱的恐惧与紧张心理，在教师的帮助下，可以按照动作的要求顺利完成跳箱练习。"保护"可以消除学生的紧张心理，"帮助"可以带给学生技术的力量，既能顺利完成动作，又能提高学生练习的有效性。

5. 有利于增进师生感情和培养团结互助精神

学生在课堂上掌握的体育技能大都是在体育教师的保护与帮助下习得的，是师生密切配合，共同合作的结果。通过这种合作与配合，可以增进师生感情；同学间互相进行保护帮助，不仅可以提高课的密度与运动量，还可以培养相互之间的信任感和责任感，以及团结互助的集体主义精神。

（二）保护与帮助技能的特征

1. 适时性

体育课堂教学是一个实时动态的过程，教师应随时准备保护和帮助，同时还要注意保护与帮助的助力时机，过早或过晚的阻力不但没有效果，还可能出现伤害事故。由此可见，保护与帮助技能具有适时性的特征。在实际教学中只有当学生确实需要保护或帮助时，才给予及时的保护与帮助，根据教学进度、技术动作的需要和学生生理负荷变化特征等，适时改变保护与帮助的方法。同时，要注意保护与帮助的站立位置，随动作的需要改变高低、前后、左右的方向和选择正确的身体部位。如跳马项目教学中，为了改进第一腾空技术，保护者在助跳板一侧，帮助摆腿或托腹以提高重心；为了改进第二腾空技术，可站在跳马前帮助顶肩和推手；在学生落地时，一般站在落地点侧方，防止前扑和后倒；在做分腿腾跃与分腿跳下动作时，保护者要站在落地点的前面，两腿前后站立，避免影响动作的完成和被踢伤。

2. 预见性

保护与帮助技能的主要目的，是预防教学过程中的伤害事故和促进学生技能的学习，在准备阶段就需要对教学过程中可能出现的意外伤害等安全隐患进行预判，具有较强的预见性。在保护与帮助方法的设计中，首先要充分了解教授内容的技术特征，熟悉技术动作的力学原理，根据场地器材设施的实际情况，预判实践过程中可能出现的伤害事故的原因、阶段和程度，科学合理地设计保护方法；其次，根据学生的实际情况，预判学生需要进行助力的时间、阶段和部位，并有针对性地设计帮助方法。

3. 针对性

保护和帮助都是出于对学生不能完成练习从而运用的静态或动态的措施和方法；保护和帮助都有明确的目的指向，它们都是教学组织者或学生有意识、有目的的行为或行为结果；两者都需要专业的知识、经验、方法和技能作为支撑。保护主要针对体育课堂教学的安全问题，在出现危险情形时进行保护，贯穿于教学的始终；主要针对学生的教学内容的学习有效性，两者具有不同的目的指向。

4. 交融性

保护与帮助技能具有交融性特征，主要体现为保护和帮助之间的关系。在体育课堂教学中，由于动作技能学习的复杂性，通常我们把保护与帮助联系起来使用。在有些动作技能的学习过程中，保护与帮助往往以交替或同时出现的形式，紧密联系。例如，在前空翻教学中，教师在使用"十字手"时，它既是对学生的保护动作，也是一种直接帮助。此外，保护与帮助可以相互促进，有时帮助也是一种保护，保护也是一种帮助。例如，助力帮助就是避免学生受伤的一种保护，保护措施就是给予学生一种心理上的帮助。在运用保护与帮助时，不能把保护与帮助截然分开、对立起来。

5. 有效性

保护与帮助技能的有效性特征，主要表现在保护和帮助方法的设计和运用上。只有保护与帮助的动作、方法、手段的设计和运用合理有效，并具有可操作性，才能防止学生意外伤害事故的发生，消除学生动作技能学习的心理障碍，有助于促进学生动作技能的学习，确保安全、高效地完成体育教学。

（三）保护与帮助技能的内容

保护与帮助是体育教学的一大特征，保护始终贯穿于整个教学过程，而帮助主要针对教学的初始阶段。保护与帮助技能主要包括：安全措施落实技能、技巧摆脱危险技能、助力完成动作技能和外部（信号、标志物、限制物）手段运用技能。

1. 安全措施落实技能

学校体育安全措施是校园安全基本内容之一，也是学校体育教学的基本保障。学校和教师为保证学生的安全，制订各种规章制度，如《体育课堂教学常规》《体育场地器材安全制度》《体育场馆使用制度》《游泳池使用制度》《学生体检制度》《学生体育课堂行为规范》《紧急情况处理制度》等。安全措施落实技能就是教师在进行体育教学过程中，为了防止意外事故的发生，对各种规章制度的执行行为能力。

具备良好的安全措施落实技能，首先，需要有爱心和责任心。对学生安全无微不至的关怀和周密细致的工作，以及完备的安全对策，学生的安全才有最基本的保证；其次，需要教师熟悉各种体育教学安全规定和措施，用规范严谨的工作程序来确保学生的安全。例如：课前准备好场地器材，定期检查场地是否平整，体育设施是否损坏，仔细检查器材是否存在安全隐患，确保第一时间发现并及时处理；最后，还需要落实学生的安全教育，引导和督促学生落实各项规章制度。体育教学的安全，要靠师生共同来维护，学生也必须具有强烈的安全意识，严格体育课堂教学规范，穿运动服和运动鞋，严禁佩戴各种金属或玻璃的装饰物等，遵守课堂纪律，服从教学要求与安排，严禁嬉戏打闹。

2. 技巧摆脱危险技能

技巧摆脱危险技能是指在体育教学过程中，为预防和减少伤害事故发生，或在伤害事故发生的过程中，采用各种技巧动作预防和摆脱危险的行为能力。技巧摆脱危险技能主要包括他人保护技巧和自我保护技巧。

（1）他人保护技巧

他人保护技巧是指在教学过程中，为防止由于技术动作不熟练或意外等原因可能出现的危险，保护者直接保护学生所采取的必要方法。保护者可以是教师也可以是同伴，其主要目的是改变学生的身体位置、动作方向和受力程度，停止、减缓、加快或停止动作速度，避免剧烈摔倒或撞击，确保学生的安全。常用的保护方法有接、抱、挡、拦、拨等。接和抱主要是减小垂直方向的冲击力；挡、拦主要是减小水平方向的冲击力；拨主要给身体以偏心的作用。

（2）自我保护技巧

自我保护技巧是指体育教学中，学生独立运用特定技巧预防或摆脱危险的方法。既存在人类本能的行为因素，也需要不断的练习与强化。例如，守门员跳起接高空球，为避免与其他球员冲撞，就需要提膝进行自我保护，有本能的成分，也是平时训练的结果。在进行自我保护时，应头脑冷静，采取措施要迅速、果断、有效，特别警惕头部的直接碰撞和直臂反撑等。常用的自我保护方法有利用惯性、改变动作性质、主动停止练习、紧握器械、利用浮力等。

3. 助力完成动作技能

助力完成动作技能是指在体育教学中，为更快建立正确的动作概念，更好掌握、改进和提高动作技术，帮助学生完成技术动作的行为能力。助力完成动作技能分为直接助力和间接助力两种。

（1）直接助力

为使学生能更快地建立正确的动作概念，更好掌握、改进和提高动作技术，直接作用于学生的方法叫直接助力。常用的直接助力方法可以分为助力类、阻力类、扭力类和固定类。

（2）间接助力

间接助力是指不直接施力于学生，通过各种感觉器官，间接给予助力的方法。帮助者主要通过触觉、听觉和视觉对学生给予助力，使其正确理解技术动作的基本要领，掌握用力时机、节奏，体会所在的空间和方位，尽快学会动作和提高动作质量。

4. 外部（信号、标志物、限制物等）手段运用技能

外部（信号、标志物、限制物等）手段运用技能是指为消除学生的紧张害怕心理，正确体会动作要领，尽快掌握动作技能，缩短教学过程，促进技术的提高，而利用辅助器械进行保护帮助的行为能力。常用的器械有保腰带、护掌、手腕手套、护膝、浮板、弹力带、海绵坑（包、垫）、保护凳（台）、沙坑等。

（1）信号运用

信号运用主要是使用声音、颜色等信号的方法，通过听觉和视觉等，给予学生提示，

起到警示和提醒作用。例如,在投掷实心球的教学中,可将安全区域和危险区域分别用绿色和红色标注,红色用来警告不可随意乱入。若有学生不慎在投掷过程中闯入红色区域,则立即以口哨报警,喝止其进入的同时,也起到了暂停其他学生投掷练习的作用。

(2) 标志物运用

标志物运用主要是使用标志杆、标志盘等,起到指示动作的方向、范围和提示用力时机等作用。例如,在跳高教学中,可在横杆上方挂一个彩球作为标志物,提醒学生助跑起跳后,必须头顶彩球才能完成"背弓"动作,以此避免发生过早"倒杆"的错误动作。

(3) 限制物运用

限制物运用主要是通过在练习中设置限制,提高或降低动作的难度,起到限定完成动作规格的作用。例如,在鱼跃前滚翻的教学中,可通过安装软皮筋的方式,控制学生完成"远撑"的远度和高度,也可通过逐渐拉远和升高软皮筋的距离和高度,加大练习难度,从而提高动作质量。

(4) 防护物运用

防护物运用主要是通过使用海绵坑(包、垫)、护具等,起到缓冲和防撞击等作用,以减轻学生恐惧心理。例如,在轮滑的教学中,只有要求学生穿戴好头盔、护手、护肘、护膝等护具,才能开始练习,可先让学生体会摔倒后,自我保护的姿势和力度。学生在亲身感受到摔倒后,在护具的保护下可以缓解甚至阻隔撞击和摩擦的疼痛,学会放松练习,克服畏惧心理。

二、保护与帮助技能训练过程与要求

(一) 保护与帮助技能训练过程

保护与帮助技能是一项实践的能力,练习者只有通过不断吸取和内化才能建立、完善和提高自己保护与帮助的能力。它和掌握运动技能一样,都需要从外界获取知识,再通过自己不断练习和实践才能形成。保护与帮助技能训练包含内化训练和外化训练两个方面。

保护与帮助技能训练过程是练习者根据保护与帮助技能训练目标,经过有针对性的内化训练和外化训练,最终以教学活动实践来实现。该过程是一个周而复始的过程,可通过不断的设定训练目标,逐步形成自动化的教学技巧。内化训练主要是通过对保护与帮助理论知识的学习和对实践的归纳、总结、提炼,强调对保护与帮助知识技能的自我转化过程;外化训练主要是通过将已获取的理论知识应用于教学实践,在教学过程中实施保护与帮助技能的过程。只有加强内化训练,才能将理论应用于实践,在教学中得心应手,完成由内向外的转变和升华。

(1) 训练目标

保护与帮助技能训练首先要设定明确、具体的训练目标。训练目标通过技能训练的不同阶段等因素来设定，根据兼顾练习者的个体差异和个性需求，最终以实现熟练和合理运用保护与帮助技能为目的。

（2）技能训练途径和方法

内化训练是练习者通过将主体的动作技能与教学环境作用及其关系抽象概括到已有的心理结构中，转化为内在的心智活动，并成为稳定个性特征的过程。主要通过书籍、视频、网络课程、教学观摩、教学比赛、示范课教学等，进行保护与帮助技能的自主观看和学习。内化训练是保护与帮助技能训练的初级阶段和量变阶段，注重的是知识的吸取、模仿和整合。

外化训练主要在专家、教授和名师引导下，进行的各种强化行为训练，并把习得的保护与帮助技能知识移植到练习者的教学实践中。外化训练是保护与帮助技能训练的高级阶段和质变阶段，通过消化和吸收理论知识，转化成自己独有的教学技能，注重的是技能的实操性和有效性。

（3）教学实践

训练目标的实现最终要通过体育教学实践来检验，教学实践也是内化训练和外化训练的综合运用阶段，是巩固和提高教学技能的有效途径。

（4）评价与反馈

保护与帮助技能训练的评价，目的在于帮助练习者改进和提高教学技能，可采用诊断性评价和形成性评价，而非优劣等级的评价。评价过程本身就是学习和掌握教学技能的过程，要强调评价过程中的学习因素。评价采用讨论的方式，气氛应温和，所有参加者抱以相互学习、相互帮助的态度，提出各自对教学实践活动的意见和建议，提出改进的措施和努力方向。

（二）保护与帮助技能训练要求

1. 重视安全教育，加强理论学习

"健康第一"是学校体育工作的指导思想，而安全是实现健康第一的前提。充分认识安全教育的重要性，提高安全责任感，是保护与帮助技能训练的首要内容。另外，保护与帮助技能是经过长期的教育理论和教学实践活动的学习研究，通过对教学规律的认识和把握而逐步形成的。教学过程中保护与帮助的设计和运用是否科学合理，是教师综合素质能力的体现，要求教师的知识储备要全面。不仅需要掌握多项运动的技术动作，还要通晓运动解剖学、运动生理学、运动生物力学等基础理论，建立合理的知识结构，以便准确判断动作技术的重点、难点和关键点，把握好保护与帮助的时机、力度等要素，科学合理地预见可能出现的伤害事故。

2. 视频分析案例，加强直观效果

成功的保护与帮助案例给人以启发，伤害事故的案例使人警醒。在保护与帮助技能训练过程中，应多观看相关视频，加强直观效果，并进行详尽深入的案例分析，从中总结经验和教训，有利于提升保护与帮助技能训练的效果。可利用微课视频、教学观摩、公开课、示范课、教学技能大赛等，观察其他教师是如何进行设计和运用保护与帮助技能，通过为什么这样设计安排？是否合理？我会怎么设计安排等问题的思考，总结发现有效的保护与帮助，为我所用，吸取他人的不足和教训，引以为戒。

3. 反思实践，总结经验

保护与帮助技能的实践性较强，只有不断吸取外部经验和通过思考、总结、内化再外化才能完善和提高。保护与帮助的实施不是一成不变的，面对不同的学生，要采取不同的方法；在练习技术动作的不同阶段，实施保护与帮助的方式和方法也不尽相同。只有在教学中通过不断的积极思考、反复实践、总结得失，才能持续提升保护与帮助技能。

4. 移植竞技训练用法，运用教学实践

专业的竞技运动训练难度大、强度高，保护与帮助的方式、方法则更加严密和细致。体育教师可以学习专业竞技训练中保护与帮助的用法，并经过改造、整合、拆分、移植等方式，借鉴到体育教学中来，拓宽保护与帮助的视野，增强保护的安全性和可行性，增加帮助的科学性和有效性。例如，在专业体操翻腾训练中，使用吊保护带的方法，延缓运动员完成动作和降落的时间，体验反转的身体感觉，是可以移植借鉴的。

5. 积极创新，谨慎实践

保护与帮助技能训练要防止"拿来主义"和"教条主义"。教科书中前滚翻保护与帮助要求"保护者跪于练习者侧方，推背帮助起立。"在实践中对于低头团身较好但滚动不足的学生比较适用，利用推背助力有利于前滚翻站立；但如果学生低头不及时，团身不够时，利用推背助力就可能适得其反。要结合学生的特征以及动作技能形成规律，合理设计保护与帮助。此外，不同的运动项目、不同的技术动作有不同的保护与帮助方法，在教学实践中要灵活运用，勇于创新，逐步形成自己独特的保护与帮助技能。例如，双杠的前滚翻成分腿坐，有的教师是通过双手托举进行保护与帮助的，而有的教师则通过站立在双杠之间，用背部来完成保护与帮助，使学生既克服了心理障碍，又顺利地完成动作，增强了师生间的互信。

第五章

高校体育健康课程的教学策略优化

第一节 接收式学习的教学策略优化

一、接受式学习的内涵与特点

（一）有意义接受式学习的内涵

从教育心理学的角度分析，依据课堂学习中知识的来源和学习过程的性质，学生获得知识、技能信息有两种方式：一种是"接受"的方式，另一种是"发现"的方式。在实际的学习和教学实践中，这两种学习方式都有存在的价值并适用于特定的条件，二者是相辅相成、相互作用的关系。课程改革明确指出："改变课程实施过于强调接受学习、死记硬背、机械训练的现状，指导学生主动参与、乐于探究"的学习方式，但并未全盘否定接受学习在学生高效、经济地获得系统的科学文化知识技能，直接吸收人类社会历史实践的文明成果方面的作用。大学生在学校中的学习毕竟是以学习书本知识（人类共同经验）为主的。

从体育与健康课程来说，有意义接受学习是一种主要以教师为中心来提供知识与技能信息的直接教学策略。教师的作用是以尽可能直接的方式把事实、运动技能规则（特点与规律）、动作序列传递给学生，同时还伴随着解释、示范和学生大量适时、适度、适量的运动练习和反馈。根据国内外体育教育专家学者的研究，"一个人要有效地进行体育活动，需要最基本的运动技能。发展运动技能的最好方法是给学生提供直接性指导。已有大量的研究结果显示，直接性教学方法是发展运动技能的一种有效教学方法。"同时进一步指出，在体育运动的知识（关于规则、运动的作用等事实性知识）、运动技能的获取教学中，应将直接性教学方法和间接性教学方法看作一个连续体。因此，对大学生的体育学习来说，有意义接受学习仍然是掌握基础的体育知识，基本的运动技能，全面发展学生体能，提高运动能力的一种主要的体育教学方法。

（二）体育教学中有意义接受学习的特点及条件

体育教学中的接受学习特征是指学生利用各种感官直接感知体育运动中的客观事物或现象而获得体育知识与技能。教师所提供信息的方法有：以语言传递信息为主的体育知识、技术的讲解法，以直接感知运动表象和动作技能特征的动作示范法，直观教具或媒体的演示法，纠正错误与帮助法及其身体练习法。

什么时候适合进行直接教学，也就是说有意义接受学习的条件是什么？在教学实际中，无论是接受学习还是发现学习，都有可能是机械的，也有可能是有意义的，关键是看能否满足有意义学习的条件。在体育教学实践中有意义接受学习必须具备以下三个条件。

第一，学习的体育运动知识、技能具有一定的逻辑意义，该运动知识、技能具有完整的结构，又是可以分解的，且又具有实质性的联系。例如，学习支撑跳越障碍（支撑分腿腾越），动作可分解成助跑起跳—腾空—支撑分腿、推手—再次腾空—屈膝缓冲落地五个紧密相连的部分，有效完成前一个动作是实现下一个动作的前提和基础。

第二，学生必须具有参与该项运动练习（有意义学习）的兴趣与要求，为此，教师可通过有效形式说明支撑跳跃运动的价值、功能，激发学生学练的欲望。

第三，学生原有的运动知识、技能结构中，应已初步具有关于助跑、并腿向上、向前跳跃、腾空分腿以及向前跳、屈腿缓冲落地等知识与技能，这就为学生学习新动作——支撑跳跃，奠定了很好基础。

以上阐述的有意义接受学习的三个条件的示例中，可以认识到在学生从教师那里获得新的信息、技能的直接教学中，学生已有的认知、技能水平是十分重要的。有意义接受学习"新知识的获得是一个主动的接受过程，是新旧知识的同化过程，是新知识的潜在意义得以实现的过程。"

二、接受式学习的教学策略

有意义接受学习是以教师为中心的策略，教师以语言传递信息，学生以直接感知运动表象和动作技能特征及身体练习实现教学活动。因此，接受学习只有运用于合适的教学目标，恰当的学练内容和适宜的练习时间，才能使接受学习有意义并达到期待的教学结果。

（一）有效地呈现和组织新学的技能教学内容

呈现方式可以是精练地讲解或出示挂图等形式。以大三年级学习向前跳跃练习和蹲踞式跳远为例。教学中首要要素是以小步骤呈现教材，课时必须以分解的学习内容出现。例如：原地双脚向前跳跃、立定跳远、双脚连续向前跳跃、蛙跳单脚、双脚交替向前跳跃（是人体基础跳跃、跑动中单脚起跳、向前跳跃、空中呈蹲踞姿势的蹲踞式跳远能力的一种方式）。

课时内的学习内容必须细化为多个有效且紧密衔接的步骤进行学习。结构的呈现及分解，关键之一是能吸引学生的注意，激发学生的兴趣，同时注重每次学习目标、内容集中在一个问题上，呈现时要使学生在教师呈现下一点之前掌握稍前一点。关键之二是引导学生能够明确几个关系：建立部分与整体关系，学习好每一小步骤，上每一个小台阶均是一次过渡，均是一次迈向目标的提升；鉴别序列关系，教学内容的组织是按照技能特征顺序安排，教师所教的内容方式和学生要学习的事实、规则和动作序列在现实生活中发生的方式一样，这样既教了预期的内容，又教了正确的（动作结构）序列；发现组合关系，学练方法可根据动作序列分别采用分进式、连进式、递进式的方法，也可以根据学生学习过程特点不同，采用交叉混合式，以强化或解决动作结构中相关联的衔接部分或薄弱环节。如蹲踞式跳远的助跑与起跳衔接问题，或起跳后腾空问题等寻找比较关系，在内容的比较中（可与向上跳跃和跨越式跳高比较），引导学生对不同的内容进行比较，可以使学生观察到它们的相似与差异，较好地理解它们的结构和所要学习的内容。

（二）有效地指导学生的练习

在教学内容呈现以后，紧接着是引发期待行为的练习。学生在练习中，从认知上能说出或描述动作技能作用和过程，在学习的态度上能注意听讲，观察示范，积极参与练习的意识较强，为达到动作技能掌握的目的，乐意做多次重复的练习，尊重教师的指导和同伴的意见，改进练习方法，提高练习质量。

在接受学习的教学过程中，教师应经常进行的有效精炼的口头提示、手势提示和教师亲自示范。提示有助于强化学生对正确动作概念的理解，可以帮助指导学生在动作练习中连接行为，并避免错误的发生。

示范是最直接的教学活动，学生能从模仿示范动作，或者从观察中推断出要学习的行为。无论是教师示范还是学生示范，尤其是教师示范，示范动作应与先前学过的动作技能有联系。新学的动作示范准确，优美。示范动作的方向、速度、幅度，有利于学生观察和建立心理意象。

在示范后的学生模仿性练习中，学生经常期望的是教师某种类型的表扬和鼓励而不是批评。表扬应针对具体的动作技能，表扬的语言应亲切、诚恳，如"你的立定跳远的起跳，起跳与双臂迅速向前上方摆动的配合很好，若能再想一想，我们刚才讨论的起跳时双腿的爆发性用力问题会更好。"而不是"你的起跳动作差，你又没注意观察示范和听讲。"为进一步促进学生从模仿中受益，教师始终要观察学生学练情况，及时提示学生注意动作的关键环节，或请同学为全班演练后再说出动作过程及特征，也可以由学生根据教师示范的步骤加以想象形成心理意象，从而增强学生的学习动机。

（三）提高学生学练活动的注意力和参与态度

接受学习的教学中，教师如何及时处理学生对知识和技能掌握的正确与错误程度，是一个重要策略问题。问答是伴随课的开始，每一动作练习（小步骤之后）或课的结束时的思考为线索。有效的提问利于启发学生的思维，培养学生的思考能力和语言表达能力，同时还具有唤起和保持学生注意力和学习兴趣的作用。了解学生对知识技能学习的认知程度，提问应紧扣教学期望的结果，请学生围绕对内容的理解与掌握情况作简要描述。对于学生回答问题正确、迅速应予以肯定；对回答正确但犹豫的学生，要给予积极地反馈；对由于粗心而答错的学生，最佳的程序是表明该学生答错了，并立即转向下一名学生，寻求正确答案。这样做可以让粗心的学生意识到他（她）失去了由于回答正确而获得的表扬的机会。对由于不知道而出错的回答，这样的错误在课时和单元教学初始阶段容易出现，这时最好提供暗示、探询、简化问题或加以刺激，从而让学生寻找正确答案。用教师的策略疏导学生的思想，使他们产生正确答案，从而为学生提供了一个框架，促进他们能够正确回答以后的类似问题。

当学生的知识性回答和技能动作出现错误时，对知识性的错误回答，可引导学生复习、收集或与同伴研讨正确解答所需要的事实或信息；也可提供一个不同但相似的问题，指导学生做出正确的解答；也可提示正确解答的步骤、线索或暗示，利于学生思考，得出正确的答案。

对技能动作的错误，要善于对在技能学习过程中出现的错误进行纠正，并为学生掌握与提高技能进行帮助，这不仅是提高运动技能的需要，也是安全锻炼，避免运动损伤的需要。

纠正错误动作和进行帮助时，要分析产生错误的原因，才能选用具有针对性的方法予以纠正和帮助。产生动作错误的原因常表现在以下几个方面：一是学生对学习的动作不重视，不认真；二是学生对学习的动作技术概念不清；三是学生的学习能力较差；四是学生因心理因素或疲劳而学习情绪低落；五是学生受原有的技能的干扰。体育知识性错误的纠正方法，有的也适用于对错误动作的纠正。但是，我们更应重视对已发生的错误动作的纠正，要善于运用语言和直观的方法，激发学生的学习热情，乐于在反复的练习中逐步建立正确的动作概念，明确动作结构、顺序和要领。要善于根据动作错误性质和学生的差异性，采取条件限制练习法、诱导练习法及自我暗示法等，促进学习的深入发展。

为学生提供自主学练的时间，促进学生在教师精心指导与组织的环境中将知识技能组合成动作序列。

有效的学练程序是教师根据课时教学目标，精选内容结合学情而设计的，当学生的学习热情已被激发，提供了反馈并予以纠正，此时的学生需要有充分的机会进行自主学练。在自主学练中，通过教师的指导和示范把知识、技能的概念、结构、顺序、要领和功能等融会贯通成一个有意义的整体。当一个完整的知识技能序列，或学习单元形成的时候，有意义的学习才会发生、发展。

从对接受学习教学策略的阐述，了解到要有意义地应用知识技能，学生必须理解熟悉这一知识技能。学生只有通过有效地反复地练习才能获得丰富的运动事例与联想，才能不断地提高知识技能水平。

为了保证学生课上积极地参与练习，应关注到以下几点：一是在课上第一个学练的动作技能中进行全班指导，这有助于形成一个明确的"小步骤练习"的开端；二是在引发和反馈练习之后，要立即着手安排下一个练习，这有助于学生明白自主练习和前面提供的指导练习是相关的；三是学生自主练习时，教师要亲临各小组观察、指导、提问及简单的对话，以利于对教学过程的调控。

第二节 自主式学习的教学策略优化

一、自主式学习的内涵与特点

（一）自主式学习的内涵

自主学习既是一种学习方式，又是一种教学方式。从学习方式来说，是指学生在明确学习目标、内容的基础上，自觉、主动地进入学习过程，并取得高于原有水平的学习成果。这一学习方式的功能体现了学生在学习中的主体性、学习动力支配性和策略性等认知情感特性。正如有的研究者所提出的，这样的自主学习是建立在自我意识发展基础上的"能学"，建立在学生具有内在学习动机上的"想学"，建立在学生掌握了一定的学习策略基础上的"会学"，建立在意志努力基础上的"坚持学"。从教学方法来说，由于大学生的学习具有间接性的特性和他们的心理正处于发展阶段，因此，大学生的学习需要教师予以有效地组织、帮助和指导。

"自主学习"的教学策略思想，应明确树立"学生是学习活动的主体，教师的职责是组织、帮助和指导学生进行学习"的教学观念。在教学过程中，教师采取有效地自主学习的教学策略，必然能促进学生知识和能力得到协调发展，学生知识和能力得到协调发展的同时会促进教师在教学过程中选择和应用更有效的教学策略组织学生进行自主性学习，从而实现了真正意义的"教学相长"，教师与学生共同发展。

（二）自主式学习的特点

根据前面所述，体育教学中学生自主学习有以下的特征：

一是运动参与的全程性。学生"自主"参与体育教学活动的始终，从教学目标到学练重点的明确，从动作技能学练方法到活动方式的理解，从学练程序推进到知识技能学习反馈的进行，学生均表现出积极的态度和行为。

二是参与学练的主动性。主动参与体育知识、技能的学习和反复身体练习，是体育学习的核心和本质要求。只有这样才能达到增强体质，促进身心健康。同时，主动学练也是学生主体性表现。在主动学练中，学生应能表现出对体育与健康知识方法的理解与运用，对动作技能学练方法的选择，学习行为与运动负荷自我监控。

三是参与的情感性。自主参与运动练习是建立在学生内在的学习动机基础上。在自主学习中，学生应体现出自尊与自信，勇于战胜自我，不畏困难，在体育活动中有良好体育道德，善于和同伴合作，体育比赛中能与同伴合作，分配角色，共享体育运动的快乐。

四是参与的有效性。参与的有效性要求学生不仅自主学习而且应积极主动地学习,更应掌握良好的学习方法,做到"会学"。在自主学习中,应紧紧结合学习目标,使一切学习活动不仅是必要的,而且是有效的。自主学习中还应注意遵循特殊的生物性规律和动作技能形成规律才能有效学习,保证安全锻炼,防止伤害事故发生。

二、自主式学习的教学策略

(一) 充分了解学生的原有体育基础知识和技能水平

体育教学中我们常见到富有教学经验的教师在新课的起始,请学生简要回答与新课学习目标相关的已学习过的动作练习的特征、方法与运用等问题,或请学生进行示范并简要陈述其体验。接着提出超过上节课要求的学习目标与内容,请学生思考并复习上次课的练习内容。上述过程实际上是教师为获取或了解学生的知识与技能水平是否能支持新的学习目标的信息,同时在提问、对话、讨论和思考与练习中体现了自主学习的一种隐性的策略。在课的初始,帮助学生对已学过的体育基础知识、技能通过内化、理解、记忆的思维及其操作行为进行反思,此时的学生已逐步承担起学习的责任。

为使上述过程深入地发展,使学生在一个完整、真实的问题背景中产生学习的需要是十分重要的。通过"问题情境"和"目标任务"来唤起学生学习的自我需求,并充分发挥"认知定向"的激发与调节功能,让学生对体育学习充满激情,积极参与运动练习,使体育课程成为学生自己的课程。以"问题情境"和"目标任务"为线索组织学生自主学习,问题的设计应紧紧抓住课程内容的展开与学生心理发展同步。具体方法如下。

第一,递进式的问题设计。设定一种学生熟悉的体育运动项目,将某个待解决的学习问题按所需的知识转化成系统化逐次深入的子问题,构成前后层次相关的"问题串",围绕问题展开相应的学练活动。例如,水平四关于学习和运用篮球运动中的运球技能。你所熟悉的篮球运动的运球方式有哪些?不同方式的运球在游戏或比赛中的什么样情况下出现,有何作用?动作要点是什么,你体验过吗?学习它有何意义,如何去学习呢?

第二,主题分解式的问题设计。将较为复杂的综合性教学内容,加工分解成学习主题,再进一步分解成群络式若干子问题,在教师帮助指导下,由学生组成小组进行学习讨论与实践。例如,水平四组织篮球教学比赛,根据所学习的内容,同学们应学会运用篮球运动的哪些基本技术,哪些基本的防守与进攻方法?防守与进攻各方队员应如何实现配合?基本比赛规则有哪些?如何去观看比赛,如何对比赛中的典型运动行为做出安全与不安全的区分和评价?可参照上述学习问题分组学习讨论,演练实践后,再进行交流,从而形成对篮球比赛的整体认识,保证教学比赛安全有序地进行。

第三,想象、演练方式的问题设计。充分运用思维的超越性特征,启发学生对设定的主题充分认识,提高学生形象思维能力,展示表现力,创设多种教学效果。

（二）引导学生围绕学习目标自主地进行练习

体育教学目标对整个教学活动有着十分重要的导向作用。某一运动（或游戏）项目的动作练习、技能学习是实现目标的载体，通过练习实现知识与能力协调发展，实现身心和社会适应能力的发展。因此，对目标的描述和对学生学习的引导都应注重目标的多元化问题。相对于体育教学目标的终结性和抽象性来说，教学目标的特点既有历程性，又有具体的可操作性。为此，我们对学生的体育学习的引导调控，既要注重不同学习水平阶段，更要注重每节体育课教学的引导与调节。

第一，教师要用自己的教学智慧和教学艺术，引发学生的内部需求，激发学生的内部活力，产生浓厚的学习兴趣，积极参与运动练习，并根据有限的知识与技能要点构建的问题序列进行思考，尝试与体验练习，在练习中分析完成动作的质量与最好方式，而不是对学习的"放任"与"自流"。

第二，教师对过程的调节在于观察与引导学生的练习，在内容上可提示练习的要点，也可在动作形成的关键环节上适当提示与点拨，使学生能够以自己的方式结合学习目标对学练的体育知识、动作技能、练习方法与适宜的运动负荷进行诠释、理解、改造与重组，从而重新建构他们正在学习的东西，更接近于有意识的学习结果。

第三，在学习过程的调控中，既要引导学生进行有序的学习和探索，又要根据课堂实际进行必要的超越和调整，如善于根据学生个性及水平差异性提出不同的教学目标，运用不同的教学手段提供相应的学习支撑。

（三）充分发挥合作学练作用

通过小组内学生之间的交流讨论，开拓所要学习的内容。这一做法不是形式上的，而是针对学习目标、内容中关键环节来展示、提问、评价。教师此时要善于参与学生的交流和对话，并就学习目标中知识与技能的重点、难点回答学生提出的问题，鼓励学生对仍然不清楚的知识、技能的重点，做出更多地推测。通过师生之间、生生之间交流讨论平台，逐渐将学习责任转交给学生。学生在交往互动中，既学会了分析活动的过程与获得知识、技能与方法的成果，又感受、理解和体验知识、技能产生与发展的过程，促进了学生智慧能力的提高和主体人格的完善。

（四）精选教学内容

为此，特别需要教师对体育教材的选择及创造加工，使其贴近学生生活，变成发展学生体育文化素养的教学内容，赋予教材生命的意义。

第一，呈现的教材内容结构化，要素明确，联系紧密，派生性强且学生喜爱，易于理解掌握。

第二，内容问题化，根据学生心理发展特点确定学习层次，以有限的知识点构建问题序列，运用问题情境培养学生分析与解决问题的能力。

第三，内容经验化，尽量挖掘利用贴近社会和学生现实生活的体育素材，使教材回归生活，注重学生自主体验性学习。例如，健身健美操是青年学生非常喜爱的运动，当学生们学习与掌握一定的基本步伐、上肢动作、组合要点及其配乐的技能后，教师可以启发学生思考，是否可以将街头篮球的相关健身动作改造加工呢？是否可利用武术动作元素创编出搏击性的健身操呢？在教学实践中，不少教师进行了有益的探索，为学生自主性的体育学习提供了丰富的素材。

（五）积极引导学生反思自主学习的实践与练习体验的过程

无论是一个单元学习后还是一节课学习后，甚至一节课进行的不同环节中，教师均要注重引导学生反思自身的认知与技能形成和情感意志变化过程，启发学生领悟学习的思路与策略，让他们学会"怎样"学习。运用是为了促进学生将其所学的知识技能推广到各种新的学习情境中，进而加深对知识与技能的理解与掌握，学会灵活运用，实现知识与技能的广泛迁移，发展学生的自主学习能力。

第三节 探究式学习的教学策略优化

一、探究式学习的内涵与特点

（一）探究式学习的内涵

探究式学习最初是为了适应自然科学的教学需要而发展起来的，它的思维方法和探究程序适用于所有学科领域，在现实情境中凡是能引起疑惑的问题均可用于探究式学习。探究式学习既是一种学习方式也是一种教学方式。探究教学作为与知识接受教学相对应的一种教学方式，是由早期的"发现法"和"问题解决法"发展而来的。探究式学习相对于接受式学习来说，是学生在教师的引导下，以学生主体活动为主要形式，通过自己的探询与求索，总结与概括，获得经验与体验，发展智慧与能力，形成积极的情感态度和价值观的教学实践活动。

作为体育与健康教学实践活动的一种学习方式，作为大学生在体育与健康课程学习过程中的一种探究体验，探究式学习在探究教学目标，探究教学重点、教学结果要求等方面与大学生的探究学习具有很大的不同。在实际操作中探究式学习的教学要求是以转变学生的学习方式为出发点，学生学习体育的知识技能、概念原理时，以教师提供的事例和问题及适宜的指导为线索，通过自己的观察体验、验证性活动、思考与讨论和探询及听讲等途径，自行发现并掌握相关的运动知识技能和原理与结论，培养学生解决问题的能力，发展学生创造性思维品质和积极进取的精神。从上述分析中，我们不难看出探询与体验法、解决问题法以及发现学习法等都是探究式学习的不同方法。

（二）探究式学习的特点

从学生方面来说，体育教学中探究活动既是一种学生与体育学习相关环境相互作用的建构过程，又是一种学生—学生—教师的互动中"内化"人类体育文化文明成果，获得经验与体验社会化过程。在这一过程中，学生的主体性、独立性得到充分展示，这种展示是学生围绕着探究的问题，运用自己已有的知识、技能、经验、兴趣去探索，和同伴、教师进行对话，研讨与认识解决问题的途径，最终实现问题的自我解决，建构了自身的体育学习的知识、技能的经验系统，并进行自我评价。

从教师方面来说，探究教学是以促进学生发展为目的，以学生的自主能动和创造为特点，有意识地让学生有较大的自由活动空间与时间，重视他们主动参与，强化他们积极活动，引导他们在学练实践中培育创新意识，促进学生素质的全面发展。

探究教学是开放性与建构性的，方法灵活多样，强调学生在开放的情境与动态的过程中，善于和同伴、教师交流对话，有目的、自觉的主动活动去获取体育知识技能，建构自身的经验系统。同时，更强调教师的引导行为和意识的周到、有效和预见性。为此，教师要使自己成为学生的朋友、同伴，参与到探究活动中，成为探究活动的先行组织者，成为善于运用提问策略指导学生个性化的探索和发现活动的引领者，成为小组讨论的协调者。

二、探究式学习的教学策略

确定有效的探究式学习的课题（或问题）和简介框架或结构，使探究式学习教学的内容组织转化成有意义关联的各个部分，这是对学生实施探究式学习的重要环节。然后以问题为中心对其中一个部分（或内容）提出疑问，并提供解决这个问题所需要的相关步骤，在此基础上，启发引导学生独立探究学习。

问题：你能做出多少种类型投掷动作的方式？这些动作是用单臂还是双臂投掷的，是从肩上还是肩下投掷出手的？为使学习的知识概念与学生的生活实际结合，可请学生们再思考：不同类型投掷动作有哪些常见的运动项目，哪些是生活中常见的投掷游戏，你擅长于哪种方式的投掷等。学生通过思考与小组探究体验，较好地归纳与总结出表中相关的投掷动作分类及相关动作名称。

当学生获得了发展投掷能力的相关知识技能及其动作分类的框架之后，为更好地学习其中一种投掷方法，可采用问题引入。运用提问的策略，关键不在于以最快和最有效的方式得到正确的答案，而是激发学生学习兴趣，引导学生独立探究活动，在活动过程中不仅成功地构建更为准确的答案，而且这些答案是运用学生自己选择并在教师的指导下的个性化的探索和发现活动去获得的。

例如，问题引入方式多样，可从体育文化角度，也可从生活或竞技运动场景提出问题。你能说说著名雕塑"掷铁饼者"源自哪个国家，这种运动的投掷方式是什么样的，请徒手做做。你听说过田径运动的男子标枪比赛中，曾有运动员将标枪（800克）掷出百米之外吗？如何获得这种神奇的投掷能力？可结合投掷沙包的掷远、掷准，再次引出投沙包的动作结构和最后用力关键技能等。

善于引导学生对体育教学活动事例进行观察思考，促进学生在探究活动中获得范围较宽的具有普遍意义的观点，并对所观察的运动事例做出较为深刻的认识以及在相似运动情景中的运用，从而提高学生在体育知识、技能学习中的归纳与演绎（迁移）能力。

积极创设一个有利于学生进行探究发现的良好情境，并卓有成效地利用学生的经验（观点）、体验和问题，这是促进学生较高水平的探究思维活动的核心部分。

学生在教师指导下进行探究活动需要各种条件。如体育教学活动的场地、设备，自主活动时间，生—生—师互动、交流、对话的环境等，要利于学生乐于展开对话、交流，敢于发表不同见解。

例如，进行体操教学中，促进学生学习、体验和掌握基础的支撑、悬垂、攀爬、滚翻技巧及综合练习等知识、技能是其重要目标之一。教师可通过多种有效的方法、途径使学生亲历体操技能"生产过程"，进而思考体操类的有关动作在现实生活中的运用，以及竞技体操的发展和社会功能。为此，在上述每一类动作的教学中，应十分注重以体育活动的探究体验为线索设计教学。关注学习体验活动的动态生成过程的规划及预测，关注活动的宽松和谐氛围，师生—生生相互理解、协调与配合，教学中情境设置充满情趣，引人入胜。

策略一，特别强调的是关注学生对现实体育内容学习进行体验创造与加工，鼓励学生从自身的经验或信息媒体里设计出支撑、悬垂等各类动作的多样练习方式，以学生讨论和体验的支撑练习为例，可利用地面、家具、运动器械等进行支撑练习，单臂支撑、双臂支撑、综合支撑、直臂支撑、屈臂支撑、支撑移行、支撑跳跃、支撑摆动，在支撑中完成各种动作。

策略二，介绍与推广有实效且富有创意的设想与创作，资源共享，使学生更简便和有效地学习。

策略三，请学生对学习的体操动作学会分类、对比和联系，如支撑与悬垂的区别，你会将支撑动作转换成悬垂动作吗？悬垂动作有哪些形式，你能做出多少种？滚翻动作中有支撑吗？滚翻动作在生活中实用意义是什么？

策略四，教师要善于将观点同学生感兴趣和关心的事物及问题联系起来，从而鼓励学生对观点的理解、复述和运用。

第四节　合作式学习的教学策略优化

一、合作式学习的内涵与特点

（一）合作式学习的内涵

合作式学习是一种教育观念和教学实践，也是目前世界上许多国家都十分注重的一种富有创意和实效的教学理论与策略体系。我国在实施素质教育和新课程的推进中十分关注培养学生交流与合作的能力。这是由于合作式学习将学习者结合成一个类似互动的组织，以知识、技能的学习为载体，为实现共同的学习目标开展学习活动。学生从社会互动中获取了他们在课内外进行独立思考所需要的基本合作态度，在与同伴就知识、技能及相关问题的学习中，交流情感与观点，从中形成了学生自己更为清晰的知识与技能结构及态度与价值观。随着合作式学习的有效深入发展，必将对了解自我，培养良好个性产生积极的影响，从而开始获得一种对自己的整合感，促进学生学习能力和生活能力的发展，为学生在未来社会中学会生活和建设生活奠定了基础。

在体育教学中的师与生、生与生、学生个体与群体以及群体之间的合作交往互动，是教学赖以存在并得以表现的基本形式。在合作交往互动中是以体育知识技能的教学内容和相关信息为载体，实现了师生之间、生生之间的相互沟通与应答。体育教学中的合作性学习，不仅仅是教学组织形式的简单变化，它关系着诸多集体性、对抗性的体育运动项目学习内容的实现，目标的达成。如球类运动、民族民间体育类的集体性运动项目以及体育游戏类活动，还连带着"教学问题"解决的广度和深度。

（二）合作式学习的特点

从上述的分析和体育教学活动中，可看出合作式学习具有以下特点。

第一，以学习小组为基本组织形式，小组的形成可采用异质分组，也可以是同质分组，应根据学习的目标和内容而定。

第二，小组要有明确的共同学习目标，每名成员均要承担实现共同目标中的一定责任，为此，小组成员的一切活动必须紧密围绕着达成特定的共同目标而展开。

第三，合作性互动是推进学习活动发展的动力资源，教师与学生和学习小组的适时交流互动，目的在于促进学生独立思考与学会交流，调控并参与小组合作，促进学习小组进入有序而生动的学习活动之中。

第四，合作式学习以小组的团体成绩为评价和奖励的依据。这种把个人之间的竞争转化为小组之间的竞争机制，有利于促使小组内部的合作，使学生在各自的学习小组中尽其所能，得到最大程度的发展。

综上所述，合作式学习是学生在教师指导下的以学习小组为基本组织形式，以合作互动为基本特征且具有明确个人责任的合作互助学习，以团体成绩评价标准，共同达成教学目标的活动。

二、合作式学习的教学策略

（一）引导学习小组或团队成员之间建立积极的正相互关系

合作式学习的每个小组的成员之间，或个人与小组之间是同舟共济、荣辱与共的关系。每名成员都应对所在小组的其他同伴的学习负责，并将合作式学习视为实现共同目标及每名成员学习与发展的主要途径。为此，教师要处理好与学生及学习小组的互动关系，同时关注对学习小组中学生之间的合作互动的支持与调控。

在合作式学习过程中，教师与学生互动的一个目的是促进学生独立思考，这同学生自主学习中的教师指导是一致的，因为合作学习和自主学习的目标是互补的。但是，在合作学习过程中教师与学生互动的方式与自主学习有所不同，教师面对的不是一名一名的学生，而是一个一个的合作学习小组，而且这些小组具有共同的目的。因此，教师应拓展互动以适应多数小组学生所共有"最近发展区"的相关问题。例如，体育教学中的健身健美操学习，课的后半时多为小组创编练习或队形变化练习。教师若能在关键时刻（或学习环节）简短而集中的介入，引导监控并与小组合作，然后撤出，由学习小组对教师给出的新观点或新信息进行加工处理，从而有力地推进学习小组思维发展与知识技能的形成过程。

在合作学习小组中，学生之间的互动性、学习的强度大且时间长。如在体操类的技能动作的学习过程中，实施合作学习，二人或三至四人为一组，互相观摩学练，相互保护与帮助，与自主学习不同的是虽以自主学练为基础，但在合作学习的小组中学生逐渐担负起相互学习的责任。学生与学生在共同任务的促进下凝聚在一起进行合作，从而可以从同学中最接近、最直接的渠道获得合作、支持和反馈。教师若对小组中学生之间的互动学习予以适时、适度地支持和点评，那么每名学生促进同组的同伴完成任务的欲望将会更强烈。同时说明了合作学习和自主学习可作为相互补充的学习策略，其中一种学习方式可以加强在另一种学习方式中掌握的技能。

（二）确定明确的目标导向与角色职责

根据具体的教学目标选择适宜的教学内容并组成合作式学习活动结构的材料，是促进有效的学生间合作学习的重要条件。但是，在教学实践中常见的一些所谓合作式学习，既无明确目标和共同的话题，又无承担完成共同任务中学生个人的责任，只是形式上的一般讨论，交流，并未达到预期效果。为使合作学习活动有效地展开，教师务必事先做好计划，在教学目标上应突出教学的情意功能，让每名学生都能体现出高度的合作意愿，追求教学的认知与情感、技能与人际交往上的均衡发展。小组活动中要进行角色分配，明确其职责，并使每个人的角色互补与相关，既强调每个人都承担一定的责任，又强调协调配合，小组的成功取决于所有成员的努力。小组之间甚至会相互竞争，主要是为了产生比其他小组更好的部分或更高质量的动作技能水平。它的目的并非是产出最终的动作技能水平的竞争，而是通过竞争促进小组内部的合作水平。正如排球比赛那样，双方球员上场各6人，双方6名队员都以能战胜对手为目标，但6人各有分工，有二传手，有主力进攻与副攻队员，有"自由人"，但一次次成功的进攻得分，都是靠全队默契配合的成功接发球、巧妙的二传和一锤定音的扣球，真是每一个环节都要完美无缺，每一个人都不能少，体现了合作的最佳境界。

（三）学会合作交往的技能

合作式学习中每个人首先要具有高度的合作意识，同时要学会乐于积极参与小组活动,学会善于和同伴合作交流的技能与方法。教师在教学活动中应注重引导学生认识合作交往技能对其学习活动及其技能发展的重要价值,既能使学生在小组学习中学到更多的东西,得到更多的信息,使其知识面拓宽、加深,同时对学生与家人、朋友、社会的和谐相处以及未来事业上取得成功都会产生潜移默化的影响。教师要善于在合作式学习中,结合小组合作进展情况的反馈,引导学生进行合作技能上评价,以促进学生合作技能的逐步形成。

(四) 营造有利于合作式学习的教学情境

个人的责任意识是完成共同任务的内在基础,实现资源共享合作教学认为,组织学生学习的情境主要有竞争性、个体性与合作性。合作性情境对合作式学习最为重要,大量的学习活动尤其是体育教学活动是以合作式学习方式进行的,它将合作、竞争和学生个体行为融为一体,将合作承担的共同任务作为联系团队成员的纽带,将个人的责任意识和责任行为作为实现团队目标的基础,并进行优化组合利用。如体育教学比赛把个人之间的比赛变为小组之间、各队之间的竞争,将个人改为小组计分,以小组总成绩为评价奖励或认可的依据,由此使得教学比赛的评价重点由鼓励个人竞争达标转向集体合作达标,从而激起全体成员人人为集体追求进步,个个为集体辉煌奋勇拼搏,共享成功的乐趣。

合作式学习的分组应以合作学习需要多样性为基本原则,一般以混合分组,称之为异质分组。其形式有:一个活动小组学生的体育基础知识与技能水平可不尽相同;学生的能力(多元智能)优势不同可组合在一起;男女生可混合编组;家庭背景不同的学生混合编组。从而使小组活动中有更多、更丰富的信息输入和输出,可以激发更多的观点与创新的火花,使全组形成更深入、更全面的认识,进一步达到了资源共享。

合作教学情境是处于动态之中的,教师在运用上述策略的同时,还应关注以下问题:一是在学生的合作式学习过程中要及时观察了解有关情况,及时指导与点评;二是要预见到合作小组学习过程中何时需要帮助,以及个别学习小组进入艰难困境时提供重新指导,对遭遇挫折的学生提供情感支持和鼓励;三是在参与学习小组互动中,要善于发现学生所想所为,征求学生的意见,改进教学工作。还要关注到合作式学习中团队及学习小组辅导的个别化问题,从而真正实现教师学生共享教学的欢乐。

第六章

高校竞技运动多元化教学与训练实践探究

第一节　篮球运动教学与训练实践探究

一、篮球运动的常规教学与训练

篮球运动是我国青少年最喜爱的一项体育活动，它是由跳、跑、投等基本动作所组成的一项集体的直接对抗性的竞赛活动，在活动中要求密切配合、灵活机动。篮球运动对提高学生的身体素质水平和锻炼身体有较高的价值。

（一）篮球技术的常规教学与训练

1. 移动

移动是对篮球比赛中队员的位置、方向、速度、高度变化时所采用的各种脚步动作方法的统称，是篮球比赛中一项主要技术动作。移动技术是各项技术的基础，是实现篮球战术配合的重要因素。

（1）教学与训练方法

第一，体会移动动作要领，按体操队形进行基本站立姿势及各种移动练习，可边讲边练，讲练结合。

第二，按口令练习移动动作。学生按体操队形听教师口令或看教师进行各种移动练习。

第三，结合实践练习。两人一组，一攻一守，结合实践练习各种动作，进一步巩固动作质量。

第四，在篮球场内练习。根据篮球场上的线圈和固定目标进行各种移动练习。

第五，利用障碍物练习。利用各种障碍物进行移动练习，要求学生认真观察，合理运用。

第六，抛接球练习。各组成纵队站立，站排头持球向前方4～5米外的上空抛起后，快速起动，接球急停转身，将球传回本组，依次进行。

（2）易犯错误及纠正方法

易犯错误1：两脚开立的距离近，重心高，上体前倾过大。

纠正方法：教师在练习中多提醒动作要领和关键，或者重复讲解动作要领，并以正确的示范动作指导学生的练习。

易犯错误2：开始移动时蹬地无力，腰腹灵性差，跟不上动作速度。

纠正方法：重点讲解示范蹬地动作以及上体的配合动作，并在慢速练习中体会。

易犯错误3：移动中手脚配合不协调。

纠正方法：在慢速练习中，体会手脚配合动作，逐渐提高要求。

易犯错误4：不会合理地运用前脚掌蹬地，显得灵活性差，动作速度慢。

纠正方法：在慢速练习中体会前脚掌蹬地和脚触地动作的方法。

易犯错误5：急停触地时，不是以脚跟着地滚动到前脚掌，而是前脚掌触地，容易前倾，急停不稳。

纠正方法：先练跨步急停，再练跳步急停，并注意由慢速到快速，逐渐提高要求。

2．运球

运球是摆脱对手、发动战术配合时所经常采用的一种基本技术。运球方法有高运球、低运球、运球急停急起、体前变向换手运球、体前变向不换手运球、背后运球、胯下运球、运球转身等。

手对于球的控制能力，即为控制好球的反弹高度、速度与角度，脚步移动的熟练程度和手脚的协调配合。

（1）教学方法

第一，原地垂直的高低及各种变向运球、体后运球的动作要领。

第二，对墙运球的练习，提高腕、指的控球能力。

第三，体前单手做推提运球的动作要领。

第四，行进间的运球练习。

第五，全场绕圆弧形运球。要求左右手交替，绕圆时用外侧运球。

第六，在对抗条件下做攻守运球、防运球的练习，单手背后。

（2）易犯错误及纠正方法

易犯错误1：运球时身体不协调，手与球的接触部位不正确。

纠正方法：讲解、示范运球技术动作要领，在慢速练习中体会动作。

易犯错误2：低头运球，控制球的能力差。

纠正方法：可采用在运球中喊出教师手指的数目或注视目标的方法，帮助克服低头运球的错误。

易犯错误3：运球时不会合理地用身体保护球，球容易被对方打掉。

纠正方法：讲解、示范运球时的身体动作及手臂的协调配合方法，并说明保护球的重要性，先在慢速练习中体会。

易犯错误4：在运球变向、变速和运球转身时动作过大，形成明显的翻腕动作，造成二次运球违例。

纠正方法：重复讲解变向、变速、运球转身时手触球的部位和身体的动作方法。首先在慢速练习中体会动作，逐渐加快速度，提高水平。

3. 传接球

传接球是篮球比赛中队员之间有目的地转移球的方法，是组成进攻的纽带。接球是与传球紧密联系在一起的技术，接球的目的是获得球，以便投篮、突破、传球或运球。

（1）教学方法

第一，各种原地双手或单手传接球。

第二，移动中双手或单手传接球。

第三，行进间（先做慢速再做快速）双手或单手传接球。

第四，综合传接球。

（2）易犯错误及纠正方法

易犯错误1：接球手型不正确，无缓冲动作。

纠正方法：指出正确的手型，加大迎球距离。要求臂部、肘关节放松，接球时顺势后引，在慢速练习中体会动作。

易犯错误2：持球手型不正确，掌心触球，传出的球无力量。

纠正方法：进一步讲解、示范正确的持球手型，可采用每人持一球的互推练习，帮助体会正确的持球和出手用力的方法。

易犯错误3：持球或传球时肘关节外张。

纠正方法：注意手腕不要紧张，肘关节不要下垂，还可做模仿练习，帮助体会正确的动作。

易犯错误4：传球时动作不协调，双手传球时用力不一致或两手交叉，传出的球侧旋；单手传球时好似推铅球或甩球。

纠正方法：可在慢速练习中体会正确的动作。注意出手后的手臂动作，要求学生注意落点，讲明落点不准主要是传球技术的错误，引起学生重视并认真练习。

易犯错误5：行进间传接球时手脚配合不协调，有的腾空较高，有的侧身跑动，影响速度和效果。

纠正方法：进一步讲解、示范行进间传接球和手脚配合的方法。可先在慢速练习中体会正确的动作，逐渐提高速度。

4. 投篮

投篮是队员在进攻中得分的一种方法，是篮球运动中最重要的技术。任何进攻战术的目的都是为了创造有利的投篮机会。但是，即使战术配合得很熟练，投篮时机很好，若投篮不中，则前功尽弃，在投篮教学中应特别注意强调"准"。投篮"准"的基础是正确的手法和协调性。另外，还应注意瞄篮点、球飞行的抛物线、球的旋转；在比赛中还要具备坚强的信心、高度集中的思想和良好的体力，并掌握投篮时机。在教学中，应当以要求学生掌握正确的投篮手法为重点，坚持认真刻苦练习，这样就一定能提高投篮水平。投篮方法有原地投篮（双手胸前投篮、双手头上投篮、单手肩上上篮、单手低手上篮、双手低手投篮、反手投篮、勾手投篮）、原地跳起投篮（单手肩上投篮、双手头上投篮、双手补篮、单手补篮）和扣篮等。

（1）教学步骤

第一，初学阶段，学习并初步掌握正确的投篮动作，体会投篮技术的关键和要领。特别要掌握投篮手法，逐渐做到动作连贯、用力协调，并掌握瞄篮点、球的飞行抛物线和球的旋转规律。注意认真纠正错误动作。可组织徒手模仿投篮练习、对墙投篮练习和原地投篮练习等。

第二，在初步掌握投篮的正确技术后，要不断巩固，反复强化，及时改正错误动作，形成正确的动力定型，为实战运用打下坚实的基础。可组织多种形式和各种条件下的练习，注意练习次数和时间，强调质量。

第三，提高投篮与脚步动作、传接球、运球、突破等技术的衔接能力和控制身体平衡的能力，为实战运用奠定基础。可进行传球投篮、运球投篮、运球转身投篮等练习，并可采用传切、突分、掩护、接应或综合配合投篮练习等方法。

第四，采用对抗性的投篮练习，使练习更加接近比赛条件。可进行竞赛性的练习以及在防守条件下的投篮练习，以提高学生的兴奋性和技术运用的应变能力。根据教学大纲的安排，在不同的阶段运用不同的教学方法，采用不同的练习形式，认真完成教学任务。

（2）教学方法

第一，原地双手或单手近距离投篮。

第二，行进间（先慢速后快速）双手或单手投篮。

第三，跳起双手或单手投篮。

第四，补篮或扣篮。

（3）易犯错误及纠正方法

易犯错误1：持球时掌心触球，投篮动作不协调。

纠正方法：教师应注意强调持球时手触球的部位要正确，并可采用对墙做投篮模仿练习，以帮助体会动作。

易犯错误2：肘关节外展，致使投篮时用不上力量，投篮出手时手腕、手指僵硬，投出的球不是向后旋转,而是有些横转动。

纠正方法:面对墙站立,反复做瞄篮与收回的动作或出手的动作(自接)。每做一次都要注意观察肘关节、手腕、手指的动作和球的旋转方向是否正确。

易犯错误3:投篮时出手角度太小,手臂只向前推,而没有向前上方伸出的动作,使球的飞行抛物线过低,不易投中。

纠正方法:在投篮者前面站一人(或放挡板),双手高高举起,这样不仅可以帮助投篮者提高投篮的抛物线,而且能帮助其改进投篮或跳投时身体前倾的错误。

易犯错误4:投篮出手时,过早地运用手臂、手腕、手指的力量;球刚出手,手臂就急速收回,没有建立起"伸臂护送球入篮"的感觉。

纠正方法:在练习中强调手臂向前上方伸展到将要伸直的一刹那间才运用手腕、手指的力量。出手后观察自己的手臂动作,并要求随投篮方向在空中稍停,护送球入网。

易犯错误5:行进间投篮步法乱、跳起时动作不协调等。

纠正方法:可在走动中或慢速跑动中,以正确的步法去拿教师手举的球练习投篮,逐渐加快跑动的速度,去接教师传给的球进行投篮练习。

易犯错误6:行进间投篮起跳时,身体前冲过大,控制不住身体平衡,使投球出手时用力过大。

纠正方法:练习中,强调第一步大、第二步稍小一些,从用脚跟落地过渡到全脚掌着地,摆动腿上摆的同时,向前上方举球抬肘,主要用手腕、手指的力量,柔和地将球投出。可采用徒手练习体会起跳及出手手法的正确动作。

5. 持球突破

持球突破是持球队员运用脚步动作和运球技术相结合、快速超越对手的技术,它是一项攻击性很强的个人进攻技术。持球突破方法有原地持球突破(交叉步突破、同侧步突破、后转身突破)和跳步急停突破(正对篮的突破、前或后转身突破)等。

(1)教学方法

第一,要注意培养学生勇猛顽强的战斗作风,要求各种持球突破时机合理,动作做得既有速度,又果断勇猛、扎实有力。

第二,培养学生在原地或快速移动中接球后,两脚都能做轴心脚,并能及时快速地向不同方向突破。

第三,持球突破的教学要与投篮、传接球等技术相结合,并要求衔接紧密,动作协调,运用自如。

第四,教学中要狠抓观察、蹬跨、转体探肩、放球、加速等环节的规格和协调动作的练习与提高,同时注意贯彻规则。

第五，教学中应注意强调和加强脚步动作、运球、保护球相结合技术等能力和技巧的培养与提高。

（2）教学步骤

第一，原地交叉步或同侧步突破。

第二，跳步急停突破。

第三，前（后）转身突破。

第四，结合其他技术的突破。

（3）易犯错误及纠正方法

易犯错误：持球突破时机和假动作的运用不合理。

纠正方法：讲解持球突破时如何运用假动作，如何选择时机。可在慢速中进行练习体会，并对假动作的运用提出要求。

易犯错误1：持球突破时的蹬跨，转体探肩，放球，加速不连贯、不协调。

纠正方法：教师进行示范时，指出几个环节结合的重要性，并站在练习的位置以较慢的速度示范，促进建立正确的动力定型。

易犯错误2：持球突破时轴心脚移动，或运球时球在手中有明显的停留，造成违例。

纠正方法：讲解、示范如何确定轴心脚，并合理地选择练习形式和手段，提高突破时的脚步动作和运球技术，同时注意贯彻规则。

易犯错误3：持球突破时身体重心高，不注意保护球，造成失误。

纠正方法：教师站在突破的位置上，两臂侧平举，让学生从臂下运球突破，帮助降低重心，提高保护球的能力。

6．个人防守技术

（1）防守有球队员

进攻队员有球时，将以投篮、突破或传球来威胁防守队员。对有球队员的防守，必须尽可能地阻挠他和影响其各种进攻技术的运用与发挥。

（2）防守无球队员

进攻队员无球时的进攻任务主要是摆脱防守，空切到篮下或在有利的位置去接球、投篮。防守无球队员必须合理地、积极地选择有利的位置，尽力防堵无球队员的摆脱空切，并随时注意断获传向他的球，始终保持防守的合理性、积极性、攻击性。

7．抢球、打球、断球

抢球、打球、断球是个人防守技术中攻击性较强的技术，既是积极防守思想在防守过程中的体现，又是积极防守战术的重要环节。抢球方法有拉抢、转抢，打球方法有打持球队员手中的球、打运球队员手中的球、打上篮队员手中的球、盖帽，断球方法有横断球、纵断球、封断球等。

8. 抢篮板球技术

抢篮板球是投篮不中时，双方争抢控制球权的技术。它是篮球运动中的主要技术之一，在进攻或防守中都是很重要的，在比赛中是攻守矛盾转换的关键。

进攻时有效地控制篮板球，不仅可以增加进攻次数和投篮得分的机会，而且可以增强同队队员投篮的信心，减少对方发动快攻的机会。

防守时有效地控制篮板球，不仅可以中断对方的连续进攻，造成进攻队员投篮的顾虑，而且能为本队快攻创造有利条件。

（二）战术基础配合

战术基础配合，是两三人之间通过良好的协同动作而组成的简单配合，有进攻和防守之分，是组成全队攻守战术的基础。

1. 进攻战术基础配合

进攻战术基础配合包括传切配合、突分配合、掩护配合、策应配合等，是组成全队进攻战术的基础，它对配合位置、移动路线、配合时间和技术动作的要求是很严格的。

根据进攻战术基础配合的方法与特征，应培养学生的集体主义精神和密切协作、默契配合的能力与技巧。

2. 防守战术基础配合

防守战术基础配合包括"关门"配合、夹击配合、补防配合、挤过配合、穿过配合、绕过配合、交换防守配合等，是组成全队防守战术的基础。在实际配合中，只有严肃认真、积极顽强地掌握配合时机、配合路线和配合位置，并熟悉地运用技术，配合才能成功。

根据防守战术基础配合的方法与特征，对学生进行积极防守思想的教育，培养他们严肃认真、积极顽强的战斗作风以及密切协作的集体主义精神，提高他们的协防配合能力与技巧。

二、运动教育模式在篮球教学中的实践应用

当今，在校园内篮球受到广大学生的喜爱，但是缺乏比赛意识，大大降低了篮球比赛的质量，长期下去就会造成不良的影响，必须培养学生的比赛意识、提高学生练习篮球技术的兴趣。我国应将运动教育模式与我国篮球教学的实际情况相结合，促进我国体育教育事业的发展。

（一）运动教育模式应用于篮球教学的教学目标

运动教育模式应用于篮球教学的教学目标是使参与篮球学习的学生成为有能力的、有

运动素养的和热情的运动参与者，使参与篮球学习的学生掌握专项运动技能，发展篮球运动技能与体能；了解掌握一定的篮球运动战术，具有评价和运用战术的能力，有能力选择参与适合自身水平的篮球运动，具有团队精神，在团队中成为有责任感的领导，发展决策能力和解决问题的能力，了解篮球裁判知识，具备一定的篮球裁判技能；形成自觉参与篮球运动的意识。

（二）运动教育模式应用于篮球教学的教育理论

运动教育模式一般根据运动教育理论来讲，主要包括体育教师需要在篮球教学工作之前做好各项准备，在授课的过程中介绍篮球的各种教学模式，让学生在学习过程中了解和掌握篮球学习的主要内容、主要目的、主要手段和方式方法以及篮球教学班当中的一些基本课堂规则，并在授课过程中组织形成比较固定的学习小组，每一个学习小组的学生都要扮演教练的角色，组织组员设计教学计划；以小组的形式学习篮球技战术，并在篮球教学中模拟积分制的正式比赛，着重体验运动的过程，而不是单一地去看结果。

1. 赛季

运动教育模式使用的篮球赛季与传统上的单元不一样。篮球赛季超大单元，一般情况下一个赛季至少要 20 节课。美国学者迈克尔·W. 梅茨勒（Michael W. Metzler）认为，运动季通常包括练习期、季前赛期、正式比赛期和有最终比赛的季后赛期。

2. 同学关系

学生在整个赛季内自由地组成小组，也可以在教师的指导下进行分组，在整个篮球赛季要以小组进行学习，整个赛季中的学生在一起决策比赛事项，共同完成赛季内的目标、体验失败与成功、创建小组的荣誉，发展小组的特色。

3. 正式比赛

正式比赛是教学中的重要环节。各队在教师的指导下设计多次的比赛，每个队根据比赛的计划对本队制订相应的短期和长期计划。

4. 最终比赛

比赛可以是团体赛也可以是个人赛，在学生中选出最终的裁判员进行现场的执法。最终比赛要求每个学生都要参加，即使是作为观众也要参加，为选手加油助威。

5. 成绩记录

篮球比赛都需要进行成绩记录，学生在记录成绩的过程中进行学习，增加学习的兴趣，通过成绩也可以了解到自身的优缺点。学生通过分析成绩可以提高学生应对战术的水平。

6. 庆祝活动

庆祝活动是整个赛季的最后活动，是整个运动教育模式的升华，赛后学生通过布置场地、设计颁奖活动等来营造欢乐的气氛，使学生们喜爱篮球运动，为整个赛季画上圆满的句号。

(三) 运动教育模式应用于篮球教学的必要性

篮球运动能够吸引广大学生的喜爱主要在于篮球通过团队的合作赢得比赛，学生在篮球比赛中要合理的使用自己所学的知识，以前传统的模式只重视学生掌握篮球技能，忽略了学生的全面发展。在运动模式的教学模式下，可以培养学生团结合作的精神，培养团队意识，使学生为了共同的目标而努力奋斗。在运动模式教学中不仅要求学生能够掌握篮球动作技能，还要求学生能够掌握攻守战术，使其能够在真正的比赛中合理地运用所学知识，是篮球教学更有意义。

1. 运动教育模式使学生更加地了解篮球运动

在运动教育模式在篮球教育中应用改变了学生对体育课的认识，学生在运动教育课堂中要求学生扮演篮球比赛中的各个角色，扮演的角色要求学生能够充分的了解篮球运动。不仅要了解篮球的历史还要了解篮球比赛的规则和裁判评分标准。了解篮球的历史可以使学生深刻地认识篮球，了解篮球的文化，在学习篮球的时候能够有较高的篮球素养；在运动教育模式下，要求学生进行角色扮演，学生不仅仅以球员的身份存在，还有可能担任队长、宣传员、裁判员、记录员以及啦啦队队员。这就需要学生了解篮球的相关规则，学生在了解篮球规则的同时更加熟悉了篮球的运动技能。而传统的教学模式只重视学生运动技术的掌握，忽略了对篮球规则的教学。在实际的比赛中，学生通过扮演的角色，使他们更加有责任感，更能正确地认识篮球，使他们体会到比赛的重要性，与传统的教育模式相比，规则不再停留在试卷上，而是让学生能够真实地了解篮球的规则。

2. 运动教育模式提升了学生的篮球专业技能

该运动模式使学生在整个学期都要以小组进行学习，为学生的学习提供一个良好的学习氛围，有利于学生更好地掌握篮球技能，在传统的教学模式中，虽然重视运动技能的教学，忽略了其他知识的教学，但是综合水平的高低也决定中运动技能的掌握情况。运动模式的主要目标就是通过教授篮球相关知识来督促学生更好地掌握篮球运动技能。运动教学模式通过赛季让学生进行篮球学习，一个学期都要进行一次的比赛，比赛会使学生学习战术和应对战术的方法，战术的合理运用能够更好地运用所学的运动技能，学生通过真实感受篮球比赛现场的气氛，更加喜欢篮球，更加勇于探索篮球运动里自己所未知的领域，使学生变得会学、爱学，极大地提高了学生的篮球水平。

3. 运动教育模式对学生的心理产生了积极的影响

运动教育模式改变了传统教育模式如同"模具"一样的教育方式，实现了由"复制模型"到尊重个体发展的转变。真正做到了以人为本，因材施教，极大地发展了学生的心理素质，使其变得更加独立、自信、乐观、勇于挑战，从而发展了学生的个性、增强了学生的耐挫能力、提高了学生的适应力和学习力。

（四）运动教育模式在篮球教学中的实践应用

1. 运动教育模式在篮球教学中的应用

在篮球教学中实施运动教学模式，首先在整个赛季开始之前，要先将学生分成不同的小组，在整个学期中都要以这个小组进行学习，这也体现了篮球这一运动的集体性。在整个学期中每个学生的表现都有利于整个小组的发展。分好小组后，每个小组都要选出队长，然后队长根据每个学生的表现进行角色的分配，分配的角色包括：队长、宣传员、裁判员、记录员和啦啦队。角色分配好就要进行正式的比赛，正式比赛中的裁判员是非常重要的，在比赛中的比赛规则、裁判的手势、比赛的得分方法都是裁判的工作，在比赛前还要对学生进行裁判员相关的教学。在实际教学中教师可以在篮球教学穿插2～3节课进行篮球相关知识的介绍。最终比赛是正规的篮球比赛，在正式比赛中学生自己记录成绩，自己作为啦啦队为自己队去加油喝彩，使学生能够真正地感受到篮球比赛的气氛。在比赛中学生自己记录成绩的同时发现自己队伍的不足和以后应对比赛的策略。最终比赛中自己队伍进球后的心情和气氛，使学生感受到欢快的气氛，通过这种活动使学生能够真正了解篮球运动的内涵。

2. 篮球教育中实施运动教学模式应注意的事项

（1）教学前准备工作

运动教学模式是一种新的教学模式，在实施运动教学模式前，教师应该充分地了解该教育模式，教师只有充分地掌握运动教学模式的相关知识才能在课堂上合理地运用该模式去授课。对于学生来说，可能有的学生从来没有听说过运动教育模式，也可能不习惯该教育模式的教学方法，在运用运动教学模式之前，教师应该对运动教育模式进行简单地讲解，使学生充分地了解该模式的教学方法，并让学生能够习惯和适应小组学习，使其形成团队意识。

（2）合理的分组

运动教育模式的主要就是把学生分成小组进行篮球比赛，分组是实施"运动教育模式"的基础。每个学生的表现都有助于整个队伍的表现，关系到公平学习的机会，体现了公平竞争的概念，都很关心分组的情况。在运动教育模式下教师应当注意分组的方法方式，可以使用等级量表分组。

（3）正式比赛前充分考虑学生各个方面的水平

比赛前要考虑学生的水平，使学生充分的了解比赛的规则和比赛现场的各项规定，使其能够在比赛中充分地发挥，防止出现投机取巧的现象，控制好比赛现场的秩序，使比赛能够正常地进行。与此同时，教师也应当考虑到每个学生的思想状态，鼓励他们积极参加比赛。

（4）在教学中插入篮球的项目规则、文化等知识

在运动教育模式中主要就是调动学生学习篮球的兴趣，产生兴趣主要是看学生是否能够去欣赏这项运动，感受到这项运动的魅力，要使学生能够去欣赏篮球，必须要让学生去了解篮球的发展历史、文化、规则和礼仪。在运动教育模式中虽然有对篮球运动相关知识的讲解，教师在实施运动教育模式的时候，应当把篮球理论知识的教学也要看作重点去教授。

第二节 游泳运动教学与训练实践探究

一、游泳运动的常规教学与训练

教学内容有熟悉水性、蛙泳、自由泳、仰泳和侧泳的基本技术，以及上述姿势的教学方法。在游泳教学指导中，提出游泳教学的一般原则和要求。

（一）熟悉水性

1. 熟悉水性的含义

要在水中游泳，先要熟悉水的环境和特性，要熟悉和适应不同于空气的水的压力、阻力、浮力，以及水中游泳的姿势和运动特征，消除怕水心理，培养对水的兴趣，并掌握一些最基本的如呼吸、滑行等方法，为进一步学习游泳技术打下基础。熟悉水性是游泳教学的首要环节。

2. 熟悉水性的方法

（1）水中行走练习

这是熟悉水性的第一个练习，目的是体会水的阻力和浮力，初步掌握身体在水中保持平衡的方法，消除怕水心理。具体练习如下：

第一，手扶池壁向前、向两侧慢步行走。

第二，离开池壁用手维持平衡向前、向后、向两侧慢步行走。

第三，全组手拉手（或搭肩）向前或圆圈行走。

第四，在水中向各方向跑动和跳跃。

第五，在水中做走跑追逐游戏。

（2）呼吸练习

游泳时的呼吸与陆上习惯的呼吸方法不同。游泳是用口吸气，然后在水中用鼻口慢慢呼气。这一练习是使初学游泳者掌握呼吸方法，锻炼把头浸入水中的勇气，进一步消除怕水心理。具体练习如下：

第一，手扶池槽或在同伴帮助下用口吸气后闭气，然后下蹲把头全部浸入水中，停留片刻后起立，在水面换气，口鼻出水后先呼后吸。

第二，同第一步练习，要求把头浸入水中停留片刻后，在水中用鼻慢慢呼气直至呼完，然后起立，在水面上用口快速吸气。

第三，同第二步练习，要求吸气后把头浸入水中，稍闭气后用口鼻同时呼气，在接近水面时用力把气呼完并立即用口在水面上吸气，吸气结束后再把头浸入水中。连续有节奏地做吸、闭、呼动作。吸气要快而深，呼气时要慢，最后用力将气呼尽。

第四，两脚开立，按上述练习要求连续做呼吸动作15～20次，稍事休息后重复练习。

（3）浮体与站立练习

练习的目的是体会水的浮力，初步学会控制身体在水中平衡的能力和水中站立的方法，树立学会游泳的信心。具体练习如下：

第一，抱膝漂浮练习。原地站立，深吸气后下蹲低头抱膝，膝部尽量靠近胸部，前脚掌蹬离池底成低头团身抱膝姿势，自然漂浮于水面。

第二，展体漂浮练习。两脚开立，两臂放松向前伸出，深吸气后身体前倾，两脚轻轻蹬离池底成俯卧姿势漂浮水面；两臂两腿自然伸直。站立时，收腹，收腿，两臂向下压水并抬头，两腿向下伸，脚触池底站立。

（4）滑行练习

滑行是各种泳式的基础，是整个熟悉水性练习的重点，目的是进一步体会水的浮力，掌握水中的平浮和身体滑行姿势。具体练习如下：

第一，蹬池底滑行练习。两脚前后开立，两臂前伸，两手并拢。深吸气后屈膝，当头和肩浸入水中时，前脚掌用力蹬池底，随后两脚并拢，使身体呈流线型向前滑行。

第二，蹬边滑行练习。背向池壁，一手拉水槽，一臂前伸，同时一脚站立，一脚贴池壁。深吸气，低头，上体在水中前倾成俯卧姿势，然后支撑脚向上收起，两脚掌贴住池壁，臀部尽量靠近池壁，随即拉水槽的一臂向前伸出与前臂并拢。头夹在两臂之间，此时头与臀是一条直线，然后两脚用力蹬池壁，使身体呈流线型向前滑行。

第三，仰卧滑行。面对池壁两手扶水槽，两脚蹬池壁，两臂置体旁，下颌贴近胸骨，蹬腿向前滑行。

第四，滑行打水。滑行后两脚上下轻轻打水，体会水的推动力。

3．教学方法

第一，呼吸练习中的浸水和闭气是学习游泳的基础，也是消除怕水心理的重要手段，要鼓励学生大胆把头浸入水中。

第二，闭气练习是浮体和滑行的必要条件，要注意引导学生逐渐延长闭气时间。

第三，滑行练习时，可2～3人一组互相保护和帮助，做扶、拉、接、推的练习，增加滑行距离。

第四，用游戏和比赛的方法延长闭气时间，增加滑行距离，提高学习兴趣。

4. 易犯错误及纠正方法

第一，易犯错误：吸气呛水。

纠正方法：通过讲解示范，使学生明确用口吸气的道理和方法；反复练习用口吸鼻呼的方法。

第二，易犯错误：浮体练习时浮不起来。

纠正方法：深吸气，尽量屈身团身抱膝。

第三，易犯错误：浮体或滑行后站不起。

纠正方法：讲解示范，明确要领。反复练习两臂压水的同时双脚着池底站立。

第四，易犯错误：滑行不适。

纠正方法：滑行前先做好两臂伸直头夹在中间的俯卧姿势，支撑脚和腿收起时尽量屈膝收腹，臂部靠近池壁，蹬壁要快速有力，蹬离池壁后身体伸直成流线型。

（二）蛙泳

蛙泳是模仿青蛙游泳动作的一种姿势。蛙泳时，头露出水面或浸在水里，抬头就可吸气，呼吸方便、省力持久，而且在游进中声音小、易观察、可负重，是实用性较强的游泳技能。

1. 动作要领

（1）身体姿势

俯卧水中，两臂前伸并拢，微抬头，前额齐水面，稍挺胸略收腹，腿伸直呈流线型，身体纵轴与前进方向成5～10度角。

（2）腿部动作

蛙泳腿部动作包括收腿、翻脚、蹬腿、滑行四个连贯动作。

收腿。收腿是把腿收至能为翻脚蹬水创造有利的位置。收腿是从滑行结束自然下沉开始，两腿边收边分，在收腿结束时大腿与躯干之间的角度为130～140度，小腿和脚靠近臂部，小腿与水平面成垂直姿势，两膝距离与肩同宽。收腿的要求是：腿要放松，收腿的力量要小，速度与蹬腿相比要慢，截面要小。

翻脚。翻脚是为了造成有利于蹬水的效果。实际上翻脚是收腿的继续、蹬腿的开始。在收腿靠近臂部时，两膝内压，小腿外移，紧接着两脚外翻，使脚和小腿内侧对好蹬水方向，要求在收腿未结束之前开始翻脚，在蹬腿开始前完成。

蹬腿。蹬腿的要点是用髋和大腿肌肉发力，按先伸髋再伸膝伸踝的顺序，以大腿内旋做快速有力的鞭状蹬夹水动作。蹬夹水结束时两腿并拢。

滑行。紧接着鞭状蹬夹水动作，两腿并拢伸直，借助惯性向前滑行，身体成平卧姿势，腿部放松，为收腿做准备。

（3）臂部动作

蛙泳臂部动作不仅是游进的重要推动力，而且对维持身体平衡、配合呼吸有重要作用。蛙泳臂的划水动作可分为抓水、划水、收手、伸臂几个阶段。

抓水。抓水是划水的准备阶段，抓水动作紧接滑行肩前伸，两臂内旋滑下，稍勾手，两臂分开向侧斜下方压水。抓水结束时，两臂分成30～40度角，两臂与水面成15～20度角。

划水。紧接着抓水动作，两臂积极地向侧、向下、向后地屈臂高肘划水。随着划水的进行，大小臂的夹角不断地变化着。当划水至肩线以前，大小臂的夹角约为90度。

收手。划水结束时，随着惯性，手臂继续用力向内、向上收至头的前下方。

伸臂。伸臂是由肩向前冲伸的动能使肘关节伸直而完成的。掌心由收手时的向上逐渐向下方，两臂同时向前伸出，两手拇指并拢。

（4）两臂与呼吸的配合

呼气是在水中用口鼻同时做由慢到快的呼吐动作。吸气是在水上用嘴把最后的余气有力吐完的刹那做短促有力的吸气动作。

当两臂开始划水时，利用产生的浮力，嘴露出水面吸气；两臂内收前伸时闭气低头；开始划水前，嘴鼻同时迅速呼气。随着技术水平的提高，吸气和划水可同时进行，或收手时再快速抬头吸气。

（5）臂、腿和呼吸的完整配合

臂、腿配合一般是臂划水时腿伸直放松、吸气后臂前伸时做收腿和蹬夹水动作。臂、腿和呼吸的完整配合一般是：腿蹬夹一次，臂划一次，呼吸一次。也可采用臂划水两次或臂划水三次、吸气一次的配合。选择怎样的配合技术应根据个人特征而定。蛙泳技术的重点、难点是腿部动作，而腿部动作的关键又是翻脚和鞭状蹬夹水动作。腿部动作的技术要求是慢收快蹬、翻脚充分、鞭状蹬腿、放松滑行；臂部技术主要注意屈臂划水和划水路线不超过肩。在完整配合技术中注意动作的节奏和连贯性。

2. 教学方法

（1）腿部动作的教学

第一，坐在池边或岸上，上体后仰，两手后撑，按口令做收腿、翻脚、蹬夹伸直的蛙泳腿部动作练习，建立正确的腿部动作概念。

第二，俯卧在池边或岸上，做蛙泳腿部动作练习，建立正确的腿部肌肉感觉。

第三，扶池槽或由同伴帮助，在水中俯卧做收、翻、蹬夹动作，体会翻脚和弧形蹬夹水的动作。

第四，水中扶板做蹬腿练习，主要是巩固提高腿部动作技术。

（2）手臂动作和手臂与呼吸配合动作的教学

第一，陆上站立，上体前倾，两臂前伸，两手并拢掌心向下，做蛙泳划水、收手、伸臂的练习。可配合呼吸动作进行练习。

第二，两脚开立站在齐胸深的水里，上体前倾做臂的划水动作。主要体会划水路线和收手、伸臂动作。

第三，同第二步练习，配合呼吸动作进行。要求臂滑下时抬头吸气，收手时低头闭气，伸臂时呼气。

第四，同第三步练习，要求由原地到走动练习，并逐渐增加划水力量，体会前臂及手掌对水的高肘弧形划水动作。

第五，腿夹浮板做蛙泳臂与呼吸配合练习。

（3）完整配合动作的教学

第一，水中练习，滑行后做臂腿配合的练习。要求臂腿交替进行，臂划水时腿放松伸直，收手同时收腿，臂前伸时蹬腿。

第二，同练习的第一步，加上抬头吸气动作。

第三，同练习的第二步，由臂腿配合两次，呼吸一次，过渡到臂腿配合一次，呼吸一次，并逐渐增加游泳距离。

3. 易犯错误及纠正方法

第一，易犯错误：蹬腿时没有翻脚。

纠正方法：讲解示范，明确动作要领；多做分解动作练习，体会慢收、翻脚、快蹬的节奏；在同伴的帮助下做翻脚动作练习。

第二，易犯错误：平收腿，蹬腿过宽，蹬夹脱节或只蹬不夹。

纠正方法：讲解示范，明确动作要领；用矫框过正法，要求两膝并着收蹬或用绳固定两膝距离；在陆上做模仿练习，体会收、翻和弧形蹬夹动作。

第三，易犯错误：收、蹬腿时脚的位置太低。

纠正方法：腰部肌肉适度紧张，使身体平卧水面；积极收小腿，少收大腿。

第四，易犯错误：收、蹬腿时臀部上下起伏。

纠正方法：头肩保持平稳，少收大腿，积极收小腿；强调弧形蹬夹、慢收、快蹬。

第五，易犯错误：划水路线太靠后，两臂划水太宽。

纠正方法：要求臂划水时抬头吸气，高肘屈臂划水。

第六，易犯错误：吸不到气。

纠正方法：强调吸气前先在水中呼气，口露出水面用口吸气；臂开始划水就抬头吸气；多做臂划水与呼吸配合的练习。

二、分层教学模式在游泳教学中的实践应用

（一）分层教学模式

1. 分层教学模式的构成要素

分层教学模式作为教学实践活动中的组成部分，主要内容则指的是在特定学科教学活动中，对于有着相同或者相似学习能力、思想意识以及兴趣爱好的学员，以小组的形式进行分组划分来实施教育教学活动的一种教学模式，而其中教学模式的构成要素包含了以下几点。

第一，针对学员所表现出来的不同学习特征，观察并记录学员之间存在的差异性。

第二，以上述学员表露出来的差异性为基础，结合教学实际计划目标进行小组划分。

第三，开展实施教学实践活动，并对不同小组所表现出来的特性进行重点引导讲解。

第四，进行实时考核，设定考核标准，激发学生对于提高学习成绩的动力。

第五，进行小组之间的资源共享交流学习中遇到的困难和解决问题的经验措施。

2. 分层教学模式的种类

现阶段分层教学模式的种类按照形式和内容的划分主要被分为以下几种类型：

第一，以运动式为主的走班分层教学，通过将接收特定学科的学员进行小组划分，以"走班"形式对其进行教学实践活动，根据不同学习能力的学员制定不同的教学内容，进一步提高了学科教学的成效。

第二，以学习能力变化为主的分层教学模式，其主要内容体现将参与分组教学活动的选择权交给学生，根据自身的学习现状以及能力等要素选择组别类型，并在其中经过不断的学习实践，改变自身的学习能力并在此对小组的划分进行选择。

第三，以互动式教学为主的分层教学模式，根据不同特征形成的不同小组，在课堂活动中以相互交流、探讨学习为形式，强化小组之间的学习探讨能力，这也是目前课堂教学活动中适用范围广的主要形式之一。

3. 分层教学模式的优势

第一，表现为层次感分明，以分层为主导形式的教学模式，通过将拥有不用学习能力和思维意识的学生进行分组划分，能够便于教师对学生的学习现状和教学实践成果进行充分的了解与掌握，同时学员也能够及时对自身的学习情况进行掌握，逐步调整学习方向和学习任务目标。

第二，表现为较强的针对性，分组教学所提倡的是对不同学习素养的学生进行教学实践活动，所采用的教学模式、教学内容以及教学措施等方面都必须符合不同小组的总体特性，便于教师在教学实践中制定教学计划，选择设置教学内容，同时符合了学生的学习能力范围进一步促进了提升教学成效的教学目的。

（二）分层教学在游泳教学中的应用

1. 在教学方案设计方面

根据前者叙述中所提到的那样，在采用分组教学模式以后首要解决的问题是对教学方案进行科学、合理的设计规划，游泳体育项目的教学中依照体育项目的特性，逐步设定了不同层次阶段的教学目标计划以及所采取的教学措施，例如，针对学习能力、思维灵敏度较高的学习小组，应当逐步提高其学习要求，特别是对游泳所需要的体能、游泳动作掌握情况相比较能力较弱的学员要提升一个层次；而对于其他小组来讲，应当确立掌握基础的游泳技能为教学目标，并围绕其指定的目标计划开展教学实践活动。

2. 在教学内容选择方面

分层教学模式中由于小组所体现的学习素养不同，使得教师在教学内容的设置中存在着不同的侧重点，相比较学习接受能力较强的小组学员来讲，教师在讲解完基础的游泳动作要领和安全注意事项以后，会将不同形式的游泳类型逐步引入课堂教学种类，包括蝶泳、蛙泳、自由泳、仰泳等形式，促使其小组学生能够掌握更多的游泳技能，也激发学员学习游泳项目的兴趣。而与此相对应接受能力有限的小组学员来讲，教师多采用以基础知识、基本技能为主的基础性教学内容，重点加强学员对游泳所要掌握的必备要素进行充分的学习与掌握，促使其能够独立完成游泳活动实践检验，逐步培养学员的游泳技能。

3. 在教学实践操作方面

在实践操作中分层教学的应用主要体现在游泳动作技巧的讲解深度和示范过程，教师会对不同能力的学员讲述在不同状况下游泳动作实践的要领，其要领理解和实践难易程度的变化，随着分组特性的不同而发生变化，特别是针对难度较大的游泳技能，其示范动作的分步讲解更加细化；此外不同学习小组所处的水域环境也不同，根据能力的高低和技巧掌握熟练来讲，能力较高的一般在深水区域范围内，反之则在浅水区域范围内进行实践活动。

4. 在应急突发事项方面

安全教学是开展游泳课堂教学的首要因素，不论是在不同的学习小组还是在不同的水域环境内开展实施教学活动，都必须要保障教学环境的安全稳定性，同时为了防止教学意外的发生，教师在从事教学实践过程中严格按照安全防范管理体系，多会采取有效措施避免出现诸如：学员溺水、游泳活动出现身体损伤的现象，包括建立完善应急突发事项管理机制、水域实践活动监督管理制度以及规范游泳场地使用细则。

(三) 强化分层教学在游泳课堂教学的主要措施

1. 教育规划方面

为了进一步提高分层教学在游泳课堂教学当中的应用范围和规模，应对其应用实践体系进行系统的规划设计，一是需要高等院校结合本校的办学宗旨和体育教学的总体发展规划，确立游泳教学的长远发展目标和建设方向；二是围绕提高学生游泳技能、提升教学成效逐步建立并持续完善游泳课堂教学管理体系，重点是加强游泳教学各要素之间的衔接与沟通，保障游泳教学实践活动能够持续有效进行下去。

2. 安全保障方面

在原有游泳体育教学安全防范措施的基础上进行优化，特别是针对应急突发事件的处理流程和制度规划进行合理、规范化设置，围绕以提高游泳教学安全性为基本原则，以营造安全可靠的教学环境为行动目标，制订切实可行的应急突发事件的实施细则，逐步在教师、监管人员、救援人员、学生之间形成相互依托、相互监管的安全防范管理运行体系，提高处理应急事件的时效性避免出现教学活动中人身财产损害的现象出现。

3. 设定游泳教学内容

在现阶段体育教学创新改革发展建设的影响下，为实现提高游泳教学成效、满足社会发展对于综合型人才的需求，在实施分组教学的前提背景下，需要对游泳教学的内容进行设置，游泳分层教学模式所采取的内容设定，首先要结合现有的游泳教学资源包括师资力量、教学目标、教学器械场地、学生身体素质现状等基础好要素；其次，逐步确立不同分组中对于游泳项目学习的侧重点，是加强动作要领的培训还是提升身体协调性；最后，在保障安全条件的前提下，尽可能多地采用理论与实践相结合的分层教学，在不断地游泳实践活动中来逐步体会教师所讲解的课程内容。

4. 优化分组措施

一方面，分层教学实践的重点在于小组划分，为此在实施小组划分的过程中教师应当在满足体育教学计划的前提下，结合院校游泳教学实际现状和存在的问题，以及学生自身的身体素质状况，逐步观察采集学员对于游泳项目学习能力以及兴趣的差异性，将其作为实施分组教学操作的重要参考依据。

一方面，进一步提高分配小组的划分标准，包括能力水平、身体素质以及灵活程度等软硬件条件是否达到既定的分组要求，提高分层划分的公正性和科学规范性；同时做好学员的讲解工作，避免出现因分组问题造成教师与学生、学生与学生之间的矛盾冲突，影响了教学成果的提升。

综上所述，分层教学模式本身所包含的优势效益，对于提高游泳教学活动成效起到了重要的推动促进作用，特别是在当下校园建设与教育体制都处在创新改革的发展建设时期，分层教学模式层次分明、条理清晰的优势特性，逐步提高了游泳教学的效率和质量，为此应当在现有环境资源的基础上，通过规划设计、体系建设、提升安全保障、优化分组措施等步骤，形成一套实践性强、适用范围广的综合型分层教学模式，助力于游泳教学长远发展。

第三节　体育舞蹈教学与训练实践探究

一、体育舞蹈的常规教学与训练

（一）常用的基本舞步

1. 跑跳步（一拍完成）

小八字步站立，两手叉腰。左腿屈膝前举，绷脚面，同时右脚向前跳一小步，随即左脚向前落地，再换右腿屈膝前举。可向前、向侧、向后做，要求动作轻快、欢跃，两臂自然前后摆动。

2. 跳踢步（两拍完成）

自然站立，两手叉腰。第一拍，两脚轻跳一次；第二拍再跳起，左脚向前踢出，同时右脚落地。可连续做，也可左右腿交换做；可向前、向侧、向后方踢腿；可原地做，也可在移动中做；可直膝踢腿，也可屈膝踢腿。要求动作轻快活泼，头部协调配合。

3. 踵趾步（两拍完成）

自然站立，两手叉腰。第一拍两脚轻跳，右脚落地稍屈膝，同时左脚跟在体前点地；第二拍右脚轻跳，落地稍屈膝，同时左脚尖在体后点地。可连续做，也可经过渡动作交换腿做。踵趾可在同一方位连续点地，也可在不同方位分别点地。要求动作活泼欢快，协调配合上半身姿势和头位动作。

4. 踵趾踢步（四拍完成）

自然站立，两手叉腰。第一拍，两脚轻跳，右脚落地稍屈膝，同时左脚跟在右脚尖前方点地；第二拍，右脚轻跳，落地稍屈膝，同时左脚尖在右脚的右侧点地，膝稍屈；第三拍，右脚轻跳，同时左腿向左前方踢出；第四拍，右脚轻跳，双脚同时落地还原。可交换腿做，也可连续做。要求动作轻快活泼。

5. 快踏步（两拍完成）

自然站立，两手叉腰。第一拍，上半拍，左腿屈膝上摆，同时右脚蹬地随之屈膝上摆，左脚落地；下半拍右脚随即落地，同时左膝屈膝上抬。第二拍，左脚落地；换右腿屈膝上摆开始。可在原地做，也可在前进中做或左右移动中做。要求动作轻快、节奏分明。

6. 踢毽子（两拍完成）

自然站立，第一拍，左腿屈膝上抬，随即右脚蹬离地面后屈膝，小腿从左腿前面内拐上踢，同时左脚落地。第二拍，右脚落地还原。可连续做，也可经过渡动作交换腿做；可使右小腿从左腿后面内拐上踢成右腿的后踢毽，还可使右小腿在侧面外拐上踢成侧踢毽。要求动作轻捷、节奏分明，两臂随腿的动作自然摆动。

7. 垫跳步（两拍完成）

自然站立，两手叉腰。节拍前右膝稍屈，左膝前抬稍离地。第一拍，左脚前脚掌垫地，伸膝立踵，右脚直膝离地。第二拍，右脚落地，还原节拍前动作。可连续做，也可经过渡动作交换腿做；可在原地做，也可在向前、向侧、向后移动中做，还可以边转体边做。要求动作柔和、有弹性，上下起伏节奏清楚。

8. 踏跳步（两拍完成）

自然站立，两手叉腰。节拍前左膝前抬离地。第一拍，左脚踏地跳起，右腿屈膝前摆；第二拍，左脚落地，右膝前抬停留在空中，换右脚踏地。可在原地做，也可在移动中做，还可以边转体边做；可向前、向侧、向后屈膝摆动，也可直膝摆动。要求动作刚健有力、节奏感强。

9. 跳点步（两拍完成）

自然站立，两手叉腰。第一拍，上半拍左脚向左跳出一步，下半拍右脚随之在脚旁点地；第二拍，左脚原地踏一步，换右脚跳出，可向各种方位跳出。要求动作欢快活泼，注意上体和头位的配合。

10. 三步一跳（四拍完成）

自然站立，左脚开始，向左走三步，每步一拍；第四拍，左脚蹬地跳起，右脚同时向左踢，左脚落地。换右脚向右走。可向前后左右各个方位做；可直膝踢腿，也可屈膝抬腿。要求动作轻快自然，两臂随动作自然摆动。

11. 秧歌步（四拍完成）自然站立

三进一退。左脚开始，向前扭三步，每步一拍，双膝随之稍予颤动，两臂在胸前做横"8"字摆动；四拍右脚原地退一步，左脚稍离地。

三步一跳。1~3拍相同，第三拍后半拍左脚跳起小腿后踢，右脚向前跨出，两臂摆起至右肩膀位，左臂托掌位右脚落地。

十字步。第一拍，左脚向右前方迈一步；第二拍，右脚向左前方迈一步；第三拍，左脚向左后方撤一步；第四拍，右脚向右后撤一步，两臂随脚在胸前做横"8"字形摆动。可原地做，也可在前进中做；可加转体做，边做边向左转体。

以上三种秧歌步都要求动作流畅、欢快热烈。

(二) 基本舞步与动作组合

1. 踏跳步组合（八拍完成）

节拍前自然站立，两臂侧举，半握拳。

1~2拍，左脚踏跳，右腿在后屈膝摆动，两臂内摆至右臂在体后屈，左臂在体前屈。

3~4拍，左脚踏跳，左腿向前屈膝摆动，两臂外摆至侧举。

5~6拍，左脚踏跳，右腿在右侧屈膝摆动，两臂内摆至右臂在体前屈，左臂在体后屈。

7~8拍同3~4拍，反复进行。可原地做，也可边做边向右侧移动。两个八拍后可换右脚。

2. 先踏跳，向左侧动

踢毽步组合（八拍完成）。

1~2拍，抬左膝，右腿前踢毽步。

3~4拍，抬左膝，右腿后踢毽步。

5~8拍，右脚侧踢毽步两次。可反复进行，两臂随动作自然摆动。两个八拍后换左脚做。

3. 跳点步组合（八拍完成）

1~2拍，左脚向左做跳点步，左臂屈肘由右至左在头前方小晃手，右手在左肘下按掌。

3~4拍，右脚向右做跳点步，换右臂小晃手。

5~6拍，左脚向前做跳点步，上体前俯，同时左臂前下伸右臂后上举，头后屈，眼看左手。

7~8拍，右脚向后做跳点步，同时上体右转后仰视，头向左转仰视，左手叉腰肘向前，右手扶头后，可以右脚开始做，注意手臂、上体和头位配合。

4. 踵趾步，快踏步组合（八拍完成）

1~2拍，左脚做前踵后趾步。前踵时，臂体前小交叉，上体左侧；后趾时，两臂外翻打开成侧下举，上体正直。

3~4拍，左腿屈膝前摆做快踏步，同时两前臂向上内绕至手叉腰。

5~8拍，动作同3~4拍，但换右脚做。可原地做，也可在快踏步时向前移动；可在第二个八拍时做转体360度的快踏步，两臂上摆至三位。

5. 跳踢步、垫踏步组合（二八拍完成）

1~4拍，做左腿屈膝外摆侧踢的跳踢步两次，同时头右偏左转，眼看左脚，两手在右耳旁击掌两次。

5~8拍动作同1~4拍，但换成踢右脚。

二八拍的前四拍，右脚做垫踏步两次，同时右转180度，两手在胸前击掌后摆至两臂侧举，眼看左手。

5~8拍动作同1~4拍。

三八拍开始，可换右腿先做侧踢。

6. 秧歌步组合（四八拍完成）

1~8拍左脚开始做两次三进一退步。

二八拍做两次十字步，第二次向左转体180度。

三八拍做两次三进一跳步。

四八拍同二八拍动作。

7. 三步一跳组合（四八拍完成）

学生手牵手成圆圈。

1~8拍，先向左后向右各做一次直膝踢腿的三步一跳。

二八拍先向前再向后做一次屈前抬的三步一跳。向前做时，两臂由下向前至上举；向后做时，两臂经下向后摆。上体随动作俯仰配合。

三八拍开始不牵手，先向左做一次三步一跳，右腿屈膝抬起向右摆，两臂在头上从右向左挥摆，跳起时再随之向右挥摆。再向右做一次，动作同，方向反。

四八拍先向前再向后做一次屈膝前抬的三步一跳。向前做时，两臂向后轮转一周至左臂前下举，右臂后上举；向后做时，两臂向后轮转一周半至右臂前下举，左臂后上举。

8. 组合舞蹈"春天来了"（四八拍完成）

学生牵手成圆圈，单数出列站成逆时针方向的内圈。

1~8拍，外圈拍手，内圈从左脚开始向前做8个跑跳步，两臂打开，四侧向下经前至上举成三位，上体随之由前俯逐步抬起，做两次。

二八拍内外圈相对，一起做左腿跳踢步两次，左手叉腰，右臂后上举；再换右腿做两次，手臂相反。

三八拍，前4拍先向左后向右做跳点步小晃手一次；后4拍做秧歌十字步转体180度，内外圈交换位置后相对。

四八拍做一次踵趾步、快踏步组合练习。

9. 组合舞蹈毽子舞（四八拍完成）

学生牵手成圆圈。

1~8拍，前4拍用抬左腿踢右腿做一次前后毽踢步组合，后4拍向右做4次跑跳步。

二八拍同一八拍动作，但向左做跑跳步。

二八拍和四八拍做一次跳踢步、垫踏步组合练习。

（三）教学方法

注意各动作的区别和联系，合理安排教学顺序，充分发挥各动作之间的有利影响，避免可能出现的干扰。

以单个动作为基础，及时转入舞步组合练习，既提高对学生的练习要求，又提高学生的练习兴趣。单个动作练习时，要着重抓好动作基本形态的教学，在学生掌握后再根据需要进行动作演变形态的教学，启发学生思维，培养想象力。

在学生基本掌握动作后，要及时选配适宜恰当的音乐伴奏，让学生在欢快的气氛和优美的旋律中练习，激发学生情感的共鸣，提高练习的热情和动作的表现力。伴奏前，先让学生熟悉音乐的节奏和旋律特征。

舞蹈教学要与学校课外活动相结合，为师生提供一个广阔的课堂，使学生的表现力、想象力、创造力能得到充分的发挥，既能丰富校园文化生活，又能极大地巩固、提高和扩展课堂教学效果。

二、翻转课堂教学模式在体育舞蹈教学中的实践应用

（一）翻转课堂的内涵

翻转课堂是从英语"Flipped Class Model"翻译过来的术语，又被称为"反转课堂式教学模式"。翻转课堂实质上是指教师在课前把教学内容制作成一个短小精悍的视频发布在网络上，学生在家中完成对教学视频的观看和学习，随后在基本掌握一定理论知识的基础上完成在线测试，在课堂上师生一起协作交流共同解决在学习过程中遇到的问题，完成教学任务，以此来提高学生的学习兴趣，调动学生主观能动性的一种新的教学模式。这种教学模式颠覆了传统课堂上听教师讲解，跟随教师进行技能学习，课下领会练习的教学模式，更好地提高了学习效率。

（二）体育舞蹈教学的特征

体育舞蹈是将体育与舞蹈、音乐相融合的运动项目之一，它以音乐节奏为基础，以身体动作和形态为具体表现形式，同样具备了一般舞蹈的艺术性，教师在教学过程中不仅要注重对动作技能的传授，更要注重对学习者的音乐素养和舞蹈表现力的培养。体育舞蹈动作的学习符合运动技术形成的一般规律，分别为泛化、分化、自动化 3 个阶段，在教学过程中我们通常采用讲解和示范相结合的方法。讲解是教师通过语言的描述帮助学生在脑海里建立动作的模糊概念，加深对动作的理解，而示范则需要教师以自己的动作为范例帮助学生建立动作表象从而更好地掌握技术动作。

（三）翻转课堂应用于体育舞蹈中的意义

1. 教学内容

传统的体育舞蹈教学模式强调课堂是一个知识与技能传授的过程，教师教什么，学生就学什么。目前，很多学生学习的还是教师规定的那几个固定的舞蹈套路，学生无需创新和思考。而翻转课堂在多媒体课件的制作中引用国际赛事的视频，将音乐、图像、文字集

于一身，学生完全沉浸视频所制造出的现场逼真效果中。赛场上舞者绚丽的服装和优美的舞姿会使学生产生跃跃欲试的感觉。翻转课堂模式采用更加有意义，以学生感兴趣的内容作为教学内容。同时，学生也可以根据自己感兴趣的内容编排自己喜欢的组合套路进行小组展示，古人说"授人以鱼不如授人以渔"，而翻转课堂正是验证了这个道理。它不仅注重对技能的传授更注重对学生学习能力、舞蹈创编能力的培养。

2. 教学方法

传统的体育舞蹈教学模式是"灌入式"的，教师在教学过程中占主导地位，学生在学习过程中是被动地接受知识和技能。翻转课堂强调的是自主学习与信息化学习、合作探究式学习相结合的多样化学习模式。学生在课前可以根据教师制作的视频和提出的问题提前预习教学内容，帮助学生更好、更快地建立动作表象，缩短教学时间，提高教学效率。在学习过程中可以小组互相展示学习成果，讨论合作，相互学习，发挥学生的主体作用。课下，学生也可以通过教学视频对不懂的问题反复揣摩，对同一个动作甚至高难度动作也可以反复播放，加深理解，兼顾到了每个学生发展的不同需求。

3. 评价方法

翻转课堂对激发学生学习的主动性与积极性，培养他们发现、分析、探索问题的综合能力，对学生的社会适应能力，相互合作学习能力的提升也发挥了重要的作用。教师可以通过与学生在线的交流讨论，了解学生的学习情况。在评价阶段，翻转课堂与传统的以考试分数作为唯一的评价手段有所不同，除了教师对学生课堂上的表现进行评价，还有的教师将小组展示录制下来放在视频播放区，学生可以发帖评价。多样化的评价方式，促进学生的个性化学习。

（四）翻转课堂应用与体育舞蹈教学模式的构建

翻转课堂与传统的体育舞蹈教学模式最大的不同点在于如何尽可能地在课前预习的基础之上，延长有效的上课时间，关键在于利用一个好的教学设计来提高教学质量。

不同的学习方法带来的学习效率有着很大的差异，传统的"满堂灌"式教学已经不适应学生的发展，这启示我们，在教学过程中，教师和学生都应该做出相应的调整。传统的教学模式过分注重教师的讲授，学生被动地模仿，要通过视、听、口、脑多中感官的刺激来启发学生的学习，才能真正做到对知识技能的吸收内化和掌握。

1. 课前模块设计

在课前准备阶段，教师要准备 2~3 个实践课视频，其中包括教学视频、优秀运动员比赛视频或教师实践课录制视频，将制作好的视频上传到校园慕课平台供学生课前预习。视频制作要短小精悍、时间控制在 5~7 分钟之间，突出重点内容，时间过长易分散学生注意力，达不到好的学习效果；尽可能用简单易懂的语言介绍本节课的重难点内容，在视频结束之前可设置几个有针对性的小问题，激发学生学习的动力；学生可以将预习过程中不懂的问题反馈给教师，教师通过问题的统计来把握教学过程中应该着重强调的地方；学生也可以将问题带到课堂上去与同学相互讨论、探究。

2. **课堂活动模块设计**

课前学生已经学习了相关知识，教师可以花很多的时间在课堂实践活动的组织上，这些活动的组织是教师根据课前学生问题的反馈而设定的有针对性的实践活动。包括知识检测、布置任务、小组协作、小组展示、反馈评价几个方面的内容。

（1）知识检测

教师可提问几个小问题并通过学生的回答来检测课前的预习情况。对于恰恰移动部这个新授课而言，学生想通过教学视频就掌握教学的重难点是比较困难的，对于这节课的重难点内容，还是要通过课堂实践中教师的讲解、示范，学生间的讨论与探究来解决。在提问问题时要尽量以选择性答案方式呈现给学生让学生选择。

（2）布置任务

学生在基本掌握了教学内容及重难点之后围绕教师布置的教学任务全面掌握动作技能。这就要求教师在下达任务之前对学生的学习情况基本了解，设计有针对性的学习任务。恰恰移动步是一门新授课，学习任务要由易到难，主要包括：①完成恰恰律动练习；②掌握主力脚推动地板练习；③将律动与主力脚推动练习结合。

（3）小组协作

在小组协作阶段，每一位成员都有机会发表个人的观点和看法，小组成员之间可以通过互相探讨、学习进一步对自己已掌握的知识进行补充，共同提高。同时，有利于培养学生的团队合作意识和主动参与的意识，发展学生的社会适应能力。

（4）小组展示

小组展示是一项重要的教学手段，学生可以以小组为单位向教师和同学展示自己的学习成果，也可以自己创编舞蹈动作进行展示，它能很好地改变教师占主导地位学生被动学习的局面，发挥学生的主动性，激发学生的学习热情。它作为一种高效的学习方式，帮助学生开展"认知交流，成果分享，思维碰撞，解决问题"的活动，大大提高了学生的学习效率。

（5）反馈与评价

小组展示结束之后除了需要教师与学生的鼓励之外还要有一定的评价来帮助他们认识到自己存在的问题与不足之处。评价手段包括两种，由教师根据学生的课堂表现和小组展示成果做出的评价称为教师评价；教师用手机或多媒体工具将小组展示录制下来并放到校园慕课平台上由学生发帖评价的称为学生评价。多元化的评价机制相结合更有利于促进学生的个性化学习。

翻转课堂虽然被誉为"影响课堂教学的重大技术变革"但在教学过程中不能完全依赖

多媒体教学，也不能完全替代传统的教师讲解示范为主的教学模式，如果教师在教学过程中过分依赖多媒体教学会导致动作技能教学时间的丢失，动作技能不但不能得到提升，甚至可能会适得其反。教师在教学过程中一定要适度灵活运用，才能使翻转课堂与体育与舞蹈教学做到真正意义上的融合。

第四节 武术运动教学与训练实践探究

武术是我国宝贵的文化遗产之一，是一项具有独特风格的体育项目。

一、武术教学任务

第一，使学生了解武术的特征及其在中华民族文明史上的作用，明确学习武术的目的既是为了锻炼身体，又是继承民族文化遗产，发扬和光大我国的优良传统文化。

第二，通过武术的教学，发展学生的柔韧、灵敏、速度、协调和力量等身体素质，增强其肌肉、韧带的伸展和弹性，提高各关节的灵活性和中枢神经系统、心血管等内脏器官的机能。

第三，使学生掌握教材中的武术操、基本动作和组合动作、拳术套路以及攻防动作。

第四，培养学生勇敢顽强、机智果断的优良品质和朝气蓬勃、吃苦耐劳的精神，增强民族自豪感。

第五，由于武术具有系统性和动作的连贯性以及内外合一、神形兼备的特征，通过对动作、套路的记忆，以及对攻防含义的理解，提高学生的理解能力和独立思考能力，促进学生德、智、体全面发展。

二、武术教学的一般规律

（一）武术教学的三个阶段

武术教材是根据由易到难、循序渐进的原则编写的，在教学中可分成以下三个阶段：

第一，进行武术中拳术的手型、手法、步型、步法等基本动作和武术操的教学，提高学生的身体素质，使学生学会动作，并掌握动作的要领。

第二，学习组合动作和少年拳，掌握套路特征和运动方法。

第三，在巩固和提高少年拳的基础上，掌握单人和双人攻防动作，初步掌握攻防技术的性质和作用。如果学习攻防动作的条件不够成熟，也可选棍术或剑术进行教学，初步掌握器械套路的方法。

（二）武术教学的顺序

武术教学的特征之一，就是以套路为运动形式，而套路由若干基本动作所组成。每个完整的套路，一般都包含着动作的方向路线、功架的结构、发力的特征、节奏的变化、意识的走向、手眼的配合等要素。要让学生逐步学会动作和套路，可按下列教学顺序进行：

第一，弄清动作的方向路线。

第二，进一步掌握动作姿势的准确和工整。

第三，要使学生完整地掌握动作，并使其规格化。

第四，要使学生体会、了解武术的技法，以及神形兼备的要求。

第五，通过多练、多复习达到熟练掌握套路，并不断提高质量的目的。

（三）讲解和示范的特征

在武术教学中，教师的讲解和示范对于教学的成败起着极其重要的作用。讲解和示范是思维和直观相结合的教法，是使学生建立正确的动作概念和掌握动作的基本方法。

1. 讲解的特征及内容

第一，讲解动作的规格和要求时，力求通俗、精炼、形象准确，可采用武术的术语和口诀。

第二，讲解动作的基本技法，即带有一般规律的基本方法，如进攻和防守的方法与部位。

第三，按动作的顺序，每一个动作，一般先讲下肢（步型），再讲上肢，最后讲上下肢的配合以及眼看的方向。

第四，讲解动作的关键环节，即难点。

第五，讲解动作的攻防含义。

第六，讲解动作易犯的错误。

2. 示范的特征及方法

教师的示范是使学生通过直观感性认识来了解动作的形象、结构过程，从而获得正确的动作概貌。武术教学的示范有自己的特征和方法。

第一，示范的位置。可以选择在横队的等边三角形的顶点或左前方、右前方。

第二，根据动作的需要，教师的示范面可采用正面、镜面、斜面、侧面和背面。在教套路时，需要示范领做，教师要随着队形的变化方向不断变换自己的位置，最好保持在队列前进方向的左前方，领做时最好先用背面示范，便于学生直接模仿教师的动作。开始可用慢速示范，以后逐渐加快示范的速度。

（四）组织教法

第一，以集体练习为主、分组练习为辅，要充分发挥教师的主导作用，调动学生的练习积极性。

第二，注意培养和使用武术骨干，使其发挥"小教员"的作用。集体练习时，把他们安排在适当的位置，可以起到示范不同角度的作用。分组练习时，发挥"兵教兵"的作用，让他们当好教师的助手。

第三，练习时可进行教学比赛，择优示范和讲评，可提高学生的兴奋度，促使其熟练掌握动作，提高质量，互教互学。

三、武术基本动作的常规教学与训练

武术中的基本技术动作是组成套路的主要内容，主要包括手型、手法、步型、步法、腿法、身法、眼法和跳跃。这些动作是武术所特有的，在教学中会反复出现，并具有独特的风格和技击意义。另外，这些动作不仅是套路演练过程中看得见、用得上的基本技术，也是发展专项身体素质的有效方法。加强基本技术动作的教学，不仅有助于学生领会和掌握教材中的套路，保持武术技术动作规范性的独特风格，而且还可达到有效地锻炼身体的目的。

四、多元化教学模式在武术教学中的实践应用

所谓多元化教学模式，主要指的是一种突出学生主体性地位的，全方面地、多视角地将所有可以利用的因素全部引入教学当中去的教学模式。多元化教学模式，它旨在促进学生学习兴趣的培养，努力开发学生的发散性思维，主要是指武术学习的个性化以及武术课程的开放化等多个方面。

（一）多媒体教学模式在武术教学中的应用

在这个"科学大爆炸"的时代，合理地引进最新科学技术来服务于教学也成为必然趋势，最有代表性的便属多媒体技术在教学当中的应用，当前多媒体教学技术也开始应用于武术教学。由于传统教学模式根深蒂固的影响，许多教师仍选择讲解示范法进行教学，这一传统的教学方式，对于学生学习简单的基本套路动作确实具有十分重要的作用，但是随着武术动作技巧难度的不断提升，便需要教师在反复地从多个角度示范技术动作的同时讲解动作要领，既增强了教师教学的难度也增加了学习的压力。采用多媒体教学法便能够有效地解决这一问题，通过多媒体技术，利用视频影像以及分解动作图片对技术动作的直观呈现，并且配合音乐、文字等一些感官进行全方位的学习，不但可以减少教师的教学强度，同时有利于学生学习兴趣的培养。

1. 多媒体教学法对学生兴趣培养的作用分析

通过多媒体教学法，可以将教学内容以图像、视频、文字等不同形式直观、生动地呈现在学生面前，使学生能够全方位地、直观地进行观察学习。对于套路学习还可配上音乐的伴奏，更能给学生营造出一个轻快的学习氛围，从而营造出一个和谐、轻松的学习环境。通过多媒体技术，学生可以更加深入细致地对技术动作进行观察，能够提高学生掌握动作的准确度，并且能够维持长时间的记忆，这在一定程度上也能够起到减轻学生学习负

担，减轻教师教学难度，提高学生学习兴趣的作用。

2. 多媒体教学法运用中应注意的问题分析

必须明确的是，多媒体教学法，它只是教学的辅助手段之一，因而作为一名优秀的武术教师，应该要能够熟练掌握多媒体教学课件制作以及操作技术，并且可以准确合理地将其应用于教学活动当中去。教师应仔细观察学生的学习情况，再结合学生的反馈意见来准确灵活地运用多媒体技术进行教学，将多媒体教学模式与传统教学模式相结合，共同提升武术教学质量。

（二）俱乐部教学模式在武术教学中的应用

采用俱乐部教学模式，通过成立武术俱乐部，能够在一定范围内吸引一些学生参与武术俱乐部的训练活动中去，在提高学生武术技术的同时，还能够让学生养成良好的锻炼习惯，为其终身参与体育锻炼打下坚实的基础。除此之外，作为我国传统体育运动项目，武术教学中所蕴含的德育价值也是极为重要的，通过俱乐部教学模式，让更多的人参与这项运动当中，对于传承我国传统体育文化，弘扬武德精神，培养学生的意志品质都具有积极作用。

（三）网络课程教学模式在武术教学中的应用

近些年来，互联网得到了迅猛发展，它开始影响着人们生活、学习、工作的方方面面。因而武术教学也应该有效运用网络，开发网络课程，采用网络课程教学模式以激发学生的学习兴趣。网络课程与传统课程最大的区别便在于教学时间的随意性，教师可将教学视频传到网络上，学生再自由选择空暇时间进行观看学习。教师在制作网络课程的时候，应该注重对其趣味性以及实用性的体现，这样便能够更好地吸引学生积极主动地进行学习。在网络课程教学评价中，也可让学生自己拍摄套路学习的视频，将其上传至教师邮箱，教师再对学生的学习成果进行评价，这样一种区别于传统评价方式的形式，也能够调动学生的学习兴趣，提高评价的趣味性。

综上所述可见，多元化教学模式在武术教学中的应用，对于提高学生的学习兴趣，丰富武术教学内容，提高武术教学的趣味性等多方面都具有重要作用。多元化教学模式的应用，不但能够有效弥补传统武术教学当中的一些缺陷，还能够扩大武术教学的范围，激发学生的武术训练热情。在未来的武术教学当中，应该要灵活地运用多媒体技术辅助教学，支持武术俱乐部活动的开展，开设武术网络课程等，以营造出一个自主、灵活的武术教学氛围，从而更好地实现武术教学目标。

第七章

高校体育教学训练方法的创新与实践

第一节 体育教学训练方法的创新

弘扬中华体育精神，建设世界体育强国，是中国梦的重要内容。而实现这样伟大的战略梦想，需要我们每个人的参与。体育既能增强人的身体素质，又能磨炼人的意志力。高质量的体育教学是迈向体育强国的第一步，在体育教学中，高校作为前沿阵地，要不断创新教学训练方法，使学生更好地利用创新成果，增强自身体育水平。

一、体育教学训练方法的创新意义

高校是为国家培养技术型人才的教育基地，高校培养的是综合型的人才，其教学培养方式应该紧跟时代发展潮流，在教学实践中要不断实施教学改革，改革中不断提升学校自身内涵，应用现代化的教育理念推动学生向前发展，学校要立足于学生的发展，为学生营造校园体育文化，构建优秀和谐的体育教学环境，在开展体育教学中达到育人效果，为社会输送优秀的人才。创新在谈及国家发展和国家竞争力时常被提起，中国正处于经济结构转型升级和世界新一轮技术革命交汇时期，创新驱动高质量发展渐成共识。

二、体育教学训练方法的创新措施

（一）激发学生兴趣

在高校教学中，无论是体育科目还是其他专业科目，都存在着一些问题，那就是在教学中没有关注到学生的主体地位，在教学中难以激发学生兴趣，导致学生课堂的参与程度较低，教学效率低下。例如，在体育教学中，教师为了调动学生的积极性，要关注现代学生的心理状况，站在学生角度看问题，面对那些上课提不起精神的学生，要唤起他们的运动热情，做好学生的思想动员工作。在课堂上可以就训练内容进行即时小测试，带领学生融入体育教学课堂。领会教学法在高校体育教学球类项目等可以多采用，在训练中从整体入手，先讲比赛规则，让学生感受一项运动的魅力，激发学生学习兴趣，再在比赛过程中让学生发现自身的不足，促进技术的学习，效果斐然。无论是高校或者其他年龄段的学生，都喜欢轻松欢乐的教学氛围，体育教师可以在课堂上带领学生做相关游戏，在游戏过程中愉悦学生的心情，从而激发学生兴趣，提升课堂的参与度。

（二）改变教学方式

在高校体育教学中，一些教师还在沿用传统的训练方法，并不是传统的训练方法都是错误的，而是在教学实践中已经被证明不科学的训练方法还有部分教师在使用。体育教学相比于其他专业科目，有其自身的特殊性，在教学中更注重学生能力的培养，所以体育教学训练方式的科学性与合理性显得非常重要。在高校体育教学中，为了改进体育教学中的训练方法，教师可以改变传统的教学方式，在具体教学实施中使用翻转课堂的教学模式，比如在学习篮球训练方法时，课前教师将课堂要学习的知识和技巧上传到教学平台，学生在课前通过观看视频的形式将大部分内容掌握，有条件的学生可以边观看边实践；对于兴趣高的学生们可以通过互联网寻找相关的教学视频资源，充分了解篮球的相关知识。课堂上，教师不用刻意地强调基础知识，这样可以有效地延长课堂练习时间，翻转课堂背景下的课堂，教师要做好课堂的组织和引导工作，对学生进行合理分组，让小组内的学生展开训练，学生在练习中可以共同探讨训练方法，每个人贡献一点想法，凝聚在一起可能就是一个有效的训练方法。教师在这一过程除了要适应角色的转变，还要掌握一些新技术，这样也可以有效提高教师的综合素养。

总之，高校体育教学不容忽视，在教学中要结合教学实践不断创新训练方法，灌输学生终身运动的体育理念，让体育运动既能增强学生体魄，又能锻炼学生心智。

(三) 创新训练内容

提到体育训练，人们往往会想到跑步、做操、汗流浃背、疲惫不堪等字眼，因此，传统的体育训练内容很难调动学生的学习积极性，基于这一原因，体育教师应当注意创新体育训练的相关内容。

第一，要注意在训练中体现时代特点。

第二，要结合学生的心理特点以及心理需求。例如，当前体育舞蹈成为一种时尚，为人们所喜闻乐见，并且成为一种高雅的交流方式和娱乐方式走入人们的生活，在高校体育训练中安排体育舞蹈的训练，可以投学生所好，有效增强学生的练习积极性。

第三，要懂得利用学生易于接受的形式。笔者建议，可以通过游戏创新训练形式。体育游戏的运用，可以有效增强体育教学的趣味性，成功调动学生的学习兴趣。教师可以在教学过程中安排与教学内容相关的体育游戏，使学生在游戏过程中锻炼体育技能，增强身体素质。比如，在篮球教学过程中，教师为了锻炼学生的带球能力，可以将单纯的带球练习改造成游戏的形式，将学生分为几个小组，以小组为单位展开带球接力赛，在学生带球接力的过程中设置一些花样带球环节，如盘球、颠球等，使学生在娱乐中增强技能，从而感受体育训练的魅力，更加主动地参与训练。

综上所述，在高校体育锻炼教学过程中，教师应当安排适合高校学生的教学内容，注重创新教学方式和教学内容，在体育教学过程中充分发挥学生的主体性，锻炼过程中通过创新方式增强学生对体育锻炼的兴趣，在此基础上以竞争方式调动学生参与体育锻炼的热情，使体育锻炼成为高校学生学习生活的重要内容之一，真正起到提高学生身心健康发展的重要作用。

第二节　田径运动与训练

一、跑

(一) 短跑

短跑是田径赛项目中的一类，一般包括 60 米跑、100 米跑、200 米跑和 400 米跑等几项。短跑运动的特性是人们同时以最快的速度，在确定的跑道上跑完规定的距离，并以最先跑完者为优胜的项目；在人体机能供能方面，表现为人体最大限度地发挥人的本能，并以无氧代谢供能的方式供能。

短跑技术是一个不可分割的完整体，为了便于分析，可把它分为起跑和起跑后的加速跑、途中跑和终点跑四部分。

1. 短跑的技术

起跑的任务是获得向前冲力，使身体迅速摆脱静止状态，为起跑后加速创造有利的条件。

(1) 起跑器的安装

起跑器安装的方法有"普通式""拉长式""接近式"三种。

通常采用"普通式"，前起跑器安装在起跑线后一脚半（约 40~45 厘米）处，后起跑器距离前起跑器一脚半前，后起跑器的支撑面与地面分别成 40~45 度角和 70~80 度角，两个起跑器的中轴线间隔约 15 厘米。

(2) 起跑技术

起跑技术包括"各就位""预备""鸣枪"（或"跑"）三个阶段。听到"各就位"口令后，做 2~3 次深呼吸，轻快地走到起跑器前，两手撑地，两脚依次踏在前、后起跑器的抵足板上，后膝跪地，两手放在紧靠起跑线后沿处，两臂伸直，肩与起跑线平行，两手间隔比肩稍宽，四指并拢和拇指成八字形支撑，颈部自然放松，两眼视前下方约 40~50 厘米处，注意听"预备"口令。

听到"预备"口令后，随之吸一口气，平稳地抬起臀部，与肩同高或稍高于肩，重心适当前移，肩部稍超出起跑线，这时体重主要落在两臂和前腿上。"预备"姿势应当稳定，两脚贴起跑器抵足板，注意力高度集中。

听到枪声，两手迅速推离地面，两臂屈肘有力地做前后摆动，两腿迅速蹬离起跑器，使身体向前上方运动，前腿快速有力地蹬伸髋、膝、踝三个关节。

(3) 起跑后的加速跑

起跑后的加速跑是从后腿蹬离起跑器到途中跑之间的一个阶段，其任务是充分利用向前的冲力，在较短距离内尽快地获得高速度。

当后腿蹬离起跑器并结束前摆后，便积极下压着地。第一步着地应尽量靠近身体重心投影点，脚着地后迅速转入后蹬。前腿在蹬离起跑器后也迅速屈膝向前摆动。

起跑后的最初几步，两脚沿着两条相距不宽的直线前进，随着跑速的加快，两脚着地点就逐渐合拢到假定的一条直线两侧。加速跑的距离，一般约为25～30米。

(4) 途中跑

途中跑是短跑全程距离最长、速度最快的一段，其任务是继续发挥和保持高速度跑。摆动腿的膝关节迅速有力地向前上方摆出，支撑腿在摆动腿积极前摆的配合下，快速有力地伸展髋、膝和踝关节，蹬离地面，形成支撑腿与摆动腿协调配合动作。

腾空阶段小腿随着蹬地后的惯性和大腿的摆动，迅速向大腿靠拢，形成大小腿边折叠边前摆的动作。与此同时，摆动腿以髋关节为轴积极下压，膝关节放松，小腿随摆动腿下压的惯性，自然向前下伸展，准备着地。

着地缓冲阶段着地动作应是非常积极的，在途中跑时，头部正直，上体稍有前倾，两臂前后摆动要轻快有力。

弯道跑从直道进入弯道跑时，身体应有意识地向内倾斜，加大右腿的蹬地力量和摆动幅度，右臂亦相应地加大摆动的力量和幅度，有利于迅速从直道跑进弯道。

弯道跑时，身体应向圆心方向倾斜。后蹬时右腿用前脚掌的内侧用力，左腿用前脚掌的外侧用力。弯道跑的蹬地与摆动方向都应与身体向圆心方向倾斜趋于一致。

(5) 终点跑

终点跑是全程跑的最后一段，任务是尽力保持途中跑的高速度跑过终点。终点跑的技术是，要求在离终点线15～20米处，尽量保持上体前倾角度，加快两臂摆动的速度和力量。在跑到距离终点线一步时，上体急速前倾用胸部或肩部撞终点线，并跑过终点，然后逐渐减慢跑速。

2. 短跑的专门练习

(1) 小步跑

上体正直，肩放松，两臂前后自然摆动，髋、膝、踝关节放松，迈步时膝向前摆出，髋稍有转动。当摆腿的膝向前摆动的同时，另一腿的大腿积极下压，足前掌扒地式着地。着地时膝关节伸直，足跟提起，踝关节有弹性。

(2) 高抬腿跑

上体正直或稍前倾，两臂前后摆动。大腿积极向前上摆到水平，并稍稍带动同侧髋向前，大小腿尽量折叠，脚跟接近臀部。在抬腿的同时，另一腿的大腿积极下压，直腿足前掌着地，重心要提起，用踝关节缓冲。

(3) 后蹬跑

上体正直或稍前倾，两臂自然摆动，摆动腿积极向前上方摆出，躯干扭转，同侧髋带动大腿充分前送。在摆腿的同时，另一腿的大腿积极下压，足前掌着地，膝、踝关节缓冲，迅速转入后蹬。后蹬时摆腿送髋动作在先，膝、踝蹬伸在后，腾空阶段重心向前，腾空时要放松，两腿交替频率要快。

(4) 后踢小腿跑

上体正直或稍前倾，两臂前后自然摆动，足前掌着地，离地时足前掌用力扒地。离地后小腿顺势向后踢与大腿折叠，膝关节放松，足跟接近臀部。

(5) 折叠腿跑

上体正直或稍前倾，两臂前后摆动。后蹬结束立即向前上方抬大腿和收小腿，膝关节放松，大小腿充分折叠，边折叠边向前摆动。在摆腿折叠前摆的同时，另一腿的大腿积极下压，足前掌着地，膝关节缓冲。

3. 创新的训练方法

(1) 惯性跑训练

采用惯性跑让运动员体会放松技术。众所周知，如果让一个物体突然由运动状态转为静止状态，其还会在惯性的作用下，继续保持运动状态一段时间。在进行短跑训练时，亦可以采用惯性来进行放松技术的训练，使运动员能够在惯性的帮助下更好地体会放松技术，提高其应用放松技术的能力。具体方法如下：在200米的赛道中，先让运动员快跑60米，而后借助惯性慢跑40米，再快跑60米，而后慢跑40米，如此循环往复，使运动员能够在6米的快速跑中获得惯性，继而在40米慢跑中，借助惯性体会放松技术，以此来提高其放松技术的应用能力。需要注意的是，在进行慢跑时，运动员必须要停止主动的用力，否则惯性就会因为运动员的主动用力而消失，致使惯性跑的作用丧失。

(2) 大步跑训练

在进行短跑训练时，教练员可以让运动员进行大步跑训练，即通过一定的速度来提高运动员的步长，继而使其能够更好地体会踝关节的缓冲情况。具体的操作方法如下：首先，教练员可以让运动员进行走或者慢跑100米，继而迈大步跑一定距离。在进行这一训练时，教练需要做好两个方面的工作：一要对运动员的速度进行控制，使其保持在运动员最大速度的80%到85%之间。二要大步跑的距离要根据慢跑或走的距离进行调整，如果之前采取的是慢跑，则大步跑的距离应该小于慢跑的距离，如果是走，则大步跑的距离应该大于走的距离。除此之外，在进行训练时，伴随着速度的增加，运动员应该逐步提高步长并要增加摆腿幅度与蹬地的力量，确保能够充分地将大腿抬起，胯关节打开。只有这样才能够更好地在慢跑训练中掌握放松技术并学会如何应用放松技术，继而提高短跑训练的质量和效率，提高运动员的成绩。

（二）接力跑

接力跑技术包括短跑技术和传接棒技术。接力跑的成绩不仅取决于队员跑的速度，而且队员之间的相互配合也很重要。

1. 起跑

持棒起跑：第一棒传棒人持棒（以右手为例），采用蹲踞式起跑，按规则接力棒不得触及起跑线和起跑线前的地面。持棒起跑技术和短跑的起跑相同，持棒方法主要有三种。

第一，右手的食指握住棒的后部，拇指与其他三指分开撑地。

第二，右手的中指、无名指握住棒的后部，拇指、食指和小指成三角撑地。

第三，右手的中指、无名指和小指握住棒的后部，拇指和食指分开撑地。

接棒人起跑：接棒人站在接力区后端线或者说预跑线内，选定起跑位置，两脚前后开立，两膝屈着，上体前倾。接棒人应站在跑道外侧，左腿在前，右手撑地保持平衡，身体重心稍偏右边，头部左转，目视传棒人的跑进和自己起动的标志线。当传棒人员跑到标志线时，接棒人员便迅速起跑。

2. 传接棒方法

（1）上挑式

接棒人的手臂自然向后伸出，手臂与躯干约成40～50度角，掌心向后，拇指与其他四指自然张开，虎口朝下。传棒人将棒向前上方送入接棒人的手中。

这种传棒方法的优点是接棒人向后下方伸手臂的动作比较自然，传棒人传棒动作也比较自然，容易掌握；缺点是接棒后，手已握在接力棒的中部，如不换手再传给下一棒时，则只能握住接力棒的前部，容易造成掉棒和影响快速前进。

（2）下压式

也称"向前推送"的传接棒方法。应当强调指出，在传棒时，手臂不要太高，而是用手腕动作将棒向前下方推送入接棒队员手中。并且，传棒人可以用手腕动作来调整传棒动作的准确性。在做此动作时，接棒人的手臂向后伸出，手臂与躯干约成50～60度角，手腕内旋，掌心向上，拇指与其他四指自然张开，虎口朝后，传棒人将棒的前端由上向下传到接棒人手中。

下压式传接棒技术的优点是每一棒次的接棒都能握住棒的一端，便于持棒快跑；缺点是接棒时，接棒人的手臂比较紧张，不够自然。

（3）混合式

第一棒用"上挑式"传棒，第二棒用"下压式"传棒，第三棒仍用"上挑式"传棒。

3. 创新的训练方法

(1) 弯道跑练习

弯道跑练习主要是针对第一、三棒运动员而言的。运动员要反复的持棒进行弯道跑练习，增加对器械的感觉，消除不习惯的感觉，并由此找到适合自己的道次，以及找到适合自己的持棒方式。

(2) 双人练习

在接力跑的道次安排确定后，第一棒队员与第二棒队员配对练习，第三棒队员与第四棒队员配对练习，在熟练掌握传、接棒技术后，第二棒队员与第三棒队员再配对练习。

画好接力区，50～80米分段进行传、接棒练习，传棒队员跑到标志点后发出口令，接棒人听倒口令后，向后伸臂果断、稳定，不可左右晃动。传棒队员发出口令后，必须有一定的间隙，便于看清同伴伸出手后，准确传棒。两人跑进的速度根据传、接棒的熟练程度由慢到快，多次重复。通过反复练习，两名队员要确定起动标志点和传、接棒的方式。

(三) 跨栏跑

1. 110米栏技术

110米栏的栏架高1.067米，过栏和栏间跑的速度相当快，是跨栏跑中技术难度最大的项目。

110米栏采用蹲踞式起跑。前起跑器安装在距起跑线一脚半到两脚处，后起跑器距前起跑器约一脚远，两起跑器间宽15～20厘米。做"预备"姿势时，臀部抬至超过肩的部位，体重由撑地的两臂和前腿负担，头保持和躯干成一直线，集中注意力等待鸣枪。

(1) 起跑至第一栏技术

鸣枪后跑出的动作和短跑的起跑动作基本相同，起跑时应把起跨腿放在前起跑器上，起跑后前几步都必须有足够的步长。

110米栏起跑因受第一栏前固定距离（13.72米）和固定步数的制约，应特别注意步长的准确。

(2) 栏间跑技术

栏间第一步的水平速度因过栏有所降低，为了争取第一步必要的步长，应充分发挥踝关节及脚掌力量，用力摆臂也能起到提高蹬地效果和加快动作频率的作用。

第二步动作结构的支撑与腾空时间关系大致与短跑途中跑相同。第三步因准备起跨形成一个快速短步，动作特点与跨第一栏前的最后一步相同。第三步应是栏间跑速度最快的一步。

(3) 过栏技术

原地做摆动腿模仿练习：栏前直立，面对栏架，摆动腿屈膝高抬，膝盖达到栏架高度时，小腿迅速向前摆出，接着积极下压大腿，摆动腿基本伸直，脚掌靠近栏板，然后下落，用脚掌在身体重心投影点前落地，熟练后可连续做。

走步中做摆动腿、"鞭打"动作：腿的折叠、高抬，前摆小腿及下压大腿都与前一练习相同。走三或五步做一次，强调膝高于踝，不出现踢小腿的动作，熟练后加上两臂的配合动作，练习速度适当加快，注意动作放松。

走步中做摆动腿经栏上的栏侧过栏：站在起跨腿一侧，从栏前一米处起跨，摆动腿屈前摆，伸出小腿，经栏板上向栏后积极直腿下落，起跨腿配合做小幅度的提拉动作，熟练后在慢跑中接连跨3～4架栏。

原地提拉起跨腿过栏：双手扶肋木站立，在起跨腿一侧距肋木1～1.2米远横放架栏，上体稍前倾，眼平视，起跨腿屈膝经腋下向前提拉，膝部提举到身体正前方，身体不要扭转或偏斜。先做单个提拉动作，后连续做，动作速度由慢到快。栏架也可以纵放。

起跨腿过栏动作：动作同前，栏前走两三步后经栏侧提拉起跨腿，摆动腿做小幅度动作配合，以体会两腿的剪绞，身体过栏后，双手抓肋木，起跨腿提举至身体正前方。

栏侧做起跨腿练习：过3～4架栏，栏距7～8米，先走步中做栏侧过栏，后慢跑或快跑。

做起跨腿经栏上过栏。起跨腿蹬地要充分，不急于向前提拉，当摆动腿移过栏架下落时，迅速提拉起跨腿过栏。

学习过栏时两腿的剪绞动作和上下肢的配合动作：从原地站立开始做"跨栏步"中两腿剪绞换步动作，摆动腿屈膝高抬大腿，随之前伸小腿用前脚掌落地，摆动腿下落的同时，蹬离地面的起跨腿屈膝经体侧向前提拉超过摆动腿。

动作同上，在小步跑中连续做过栏模仿动作，跑三步后做一次"跨栏步"。应注意跑的直线性并有节奏，身体正对前方，同时注意两臂的配合用力。

原地摆腿过栏：上体正直面对低栏站立，将摆动腿大腿放在栏架横板上，小腿放松下垂，做两三次轻微摆小腿后，起跨腿蹬地，当伸直的摆动腿下压时，起跨腿迅速收起提拉过栏。

在走、跑中做栏侧过栏：强调两腿配合，摆动腿虽然不经过栏板上方，也必须完成折叠、举膝、伸下腿下压的动作。练习时在跑道上放3～6架栏，栏间相距7～8米，跑三步。当两腿配合剪绞的同时，两臂按动作要点做好前伸后摆等动作。

高抬腿跑中从栏侧或经栏上过栏：高抬腿跑至栏前，保持高重心，距栏约1米处起跨，过栏动作同前，但幅度小，腾空时间短，注意上下肢配合，身体始终直立不前倾，尽量不上跳，下栏后继续高抬腿跑准备过下一个栏。

2. 过栏技术的主要错误和纠正方法

（1）起跨时身体重心低，蹬地不充分，屈腿跳栏

产生这种原因在于栏前跑的技术差，速度过慢，后两步拉大步降低身体重心，用脚跟

踏地起跨或全脚掌击地造成很大制动，起跨时蹬摆配合差，下肢力量差，屈膝缓冲过大，心理上怕栏。

纠正方法有三个方面。一是纠正栏前跑的技术，形成较准确的步长，提高起跨点准确度。降低栏架高度，缩短栏间距离，用高重心跑。在最后两三步按标志跑，检查纠正后两步的"短步"关系。二是做起跨攻栏模仿练习，建立高重心起跨的肌肉感觉。三是练习跳绳、负重跳跃、长距离多级跳及双脚连续跳栏架（栏高 76.2 厘米），发展下肢各关节及脚掌肌肉力量。

（2）高跳过栏，身体腾空时间过长

产生这种原因在于起跨腿膝关节弯曲过大，脚跟着地，蹬地角度大，垂直分力过大。起跨点离栏架太近，限制摆动腿问栏迅速前摆，怕碰栏受伤。摆动腿踢腿上摆，前伸小腿缓慢，下放摆动腿消极。

纠正方法要做到两方面。一是改变起跨点，使之不短于自己七个脚掌长，适当加快栏前跑的速度。学习正确放脚起跨技术，保持高重心起跨姿势，用橡皮条代替栏的横板，消除怕栏顾虑。二是掌握摆动腿屈腿摆动攻栏技术。

（3）摆动腿直腿摆动攻栏或屈小腿绕过栏板

产生的原因在于对摆动腿的动作概念不清。摆动腿膝关节紧张，小腿过早前伸。摆动腿大小腿折叠不够，大腿屈肌力量差，起跨前大腿抬不高。

纠正方法有三个方面。一是详细讲解摆动腿屈膝摆的技术，反复做屈腿摆的各种模仿练习。例如，面对肋木站立，距肋木 1.2~1.4 米，摆腿在体后开始折叠大小腿，以膝领先屈腿前摆，大腿在体前抬平后迅速伸出小腿，脚掌伸向肋木约与腰高的部位，支撑腿蹬地的同时前倾上体，手扶肋木。二是连续做摆动腿屈膝前摆的"鞭打"动作。三是身体直立或双手撑肋木站立，摆动腿屈膝前抬，膝部负 10~15 公斤重沙袋连续高抬，以发展髂腰肌和大腿屈肌的力量。四是大量重复做摆动腿栏侧过栏练习，要求大腿高抬后再前摆小腿，膝关节放松。

（4）腾空后两腿动作消极，剪绞时机不正确

产生的原因在于起跨腿蹬地不充分，过早开始提拉。两腿肌肉伸展能力差，髋关节灵活性差，不能在空中做出较大幅度的劈叉分腿动作。摆动腿时直腿摆动下压不积极。

上体直立妨碍起跨腿用力提拉，或两臂摆动和腿的动作不协调。

纠正时要做到做起跨腿栏侧过栏，要求充分蹬伸起跨腿，不急于提拉。适当加长起跨距离，加快跑速，用大幅度动作完成快速剪绞过较低的栏架。发展两腿后群肌肉伸展性，改善髋关节灵活性与柔韧性，经常做压腿和劈叉练习，包括纵劈叉与横劈叉练习。

（5）过栏时摆动腿的后侧或起跨腿的膝、踝内侧碰及栏板

产生的原因在于摆动腿碰栏是因为起跨点过远，摆动腿向前速度太慢，或折叠高摆不

够，上体前倾过大。起跨腿的膝、踝内侧碰栏板是因为大小腿和脚掌在提拉过程中部位不正确，另一原因是起跨腿提拉时膝未外展。

纠正方法要做到两方面，一是重复练习原地支撑提拉起跨腿过栏动作，要求膝稍高于踝，小腿收紧，足内侧保持和地面平行（足尖勿下落）。二是提拉起跨腿时，及时做出前倾上体的动作。调整起跨点，加强摆动腿大腿高抬的能力。

3. 创新的训练方法

(1) 循环训练法

循环训练的运作方式多种多样，在选用所需内容时应反复甄别、实用或微调，只有合理地采用多种训练处方的优化组合及综合应用，才有可能获得最佳的运动效果。

第一，仰卧起坐12次；第二，原地团身跳12次；第三，俯卧挺身12次；第四，俯卧撑12次；第五，立卧撑12次；第六，弓步交换跳12次；第七，快速跑。要求动作转换连贯、不间断，认真完成每个点的动作，跑速为匀速跑，重复练习2～3组。

(2) 递进训练法

在不破坏跨栏跑完整动作结构的前提下，暂时降低练习标准，先采用低栏和较近距或简栏架，降低动作难度，使学生由易到难，循序渐进地学习跨栏跑技术。以自主练习为主，教师适当引导，当学生掌握前一项练习后，方可进入后一项练习，如同上台阶，步步升级。在教学中多采用4步跨栏技术，即左右腿轮换跨栏，取得较为理想的成绩。第一，消除了因为步幅不够大而不敢继续跨栏的畏惧心理；第二，解决了用5步上栏浪费时间、离栏过近形成跳栏动作等问题。

(四) 中长跑

中长跑是中距离跑和长距离跑的简称，属800米以上距离的田径运动项目。中距离跑项目有男、女800米和1500米；长距离跑项目有男子5000米和10000米，女子3000米、5000米和10000米。中长跑是历史悠久且开展普遍的运动项目，在两千多年前的古代奥林匹克运动会上就有中长跑比赛。19世纪，中长跑在英国已盛行，后来世界各国也都相继开展起来。中国从1910年起也有了中长跑的比赛。中长跑的动作要注意向前运动的效果，身体重心不要下降过大，两腿、两臂动作自然放松省力，两腿落地要柔和并有弹性。中长跑采用的训练方法有重复训练法、间歇训练法、快慢交替训练法以及山坡跑、沙滩跑、高原训练等。

中长跑的技术要领及其训练有如下各项。

1. 呼吸

中长跑的距离长，消耗能量大，对氧气的需求量也大。因此，掌握正确的呼吸方法至关重要。中长跑能量消耗大，机体要产生一定的氧债，为了保证机体对氧气的需求，呼吸必须有一定的频率和深度，还必须与跑的节奏相配合，一般采用两步两吸、两步两呼，呼吸时采用口呼吸的方法。随着跑的速度加快和疲劳的出现，呼吸的频率也有所增快。

2. 起跑及起跑后的加速跑

(1) 站立式起跑

各就位时，运动员从集合线走到起跑线处，两脚前后开立，将有力的腿放在前面，前脚尖紧靠起跑线后沿，后脚距前脚约一脚的距离，自然开立，上体前倾，两膝弯曲，两臂一前一后，身体重心主要落在前脚上，保持稳定姿势，集中注意力听枪声。

(2) 起跑后的加速跑

起跑后上体保持前倾，脚尖着地，腿的蹬地和前摆以及两臂的摆动都应快速积极，逐渐加大步伐和加快速度，随着加速段的延长，上体逐渐抬起，进入途中跑。加速段距离的长短和速度，应根据个人特点、战术需求和临场情况而定。

3. 途中跑

(1) 直道跑技术

跑直道时要求两脚沿平行线跑，抬腿既不靠内也不靠外，正直向前，两脚皆用脚前掌扒地跑。

(2) 弯道跑技术

跑弯道时要求左脚前脚掌外侧、右脚前脚掌内侧着地，左腿膝关节外展和右腿膝关节内扣，身体重心向内倾斜协调用力，速度越快倾斜角度越大，右臂的摆幅稍微大于左臂摆幅。

4. 冲刺跑

冲刺跑是临近终点前一段距离的加速跑。主要任务是运用自己的全部力量，克服疲劳，力争在最后阶段跑出好成绩。冲刺跑的技术特点是在加快摆臂速度和加大摆幅的同时配合腿部动作加快频率。冲刺跑的距离根据自己的体力情况、战术要求和临场情况而定。在通过终点时，在接近终点一步前身体躯干前倾，做出撞线动作。

5. 创新的训练方法

(1) "法特莱克"训练法

"法特莱克"训练法，即速度游戏训练法。这种训练法主要选择空气新鲜，地形、地势变化较多，运动员喜欢的自然环境，有意识地采用变速越野游戏的方法，进行不同强度的跑、走交替运动。加速跑的持续时间、休息时间及跑的形式山运动员的自我感觉决定。"法特莱克"训练法的创造和采用，丰富了训练思路和训练手段，不会使运动员很快出现疲劳，又能达到很好的训练效果。

(2) 高原训练法

高原训练能提高体内糖代谢的调节能力，对提高耐力大有好处。高原训练法的总的特点是运动员要经受一定的附加刺激（如氧压变化和缺乏氧气等）使机体产生适应性效果。

二、跳跃

田径运动项目中的跳跃项目包括跳高、跳远、三级跳远和撑竿跳高。由于体育科学的发展、场地器材的更新、运动技术的改进和训练方法的合理，跳跃项目成绩得到大幅度的提高。跳跃项目有很强的趣味性，很受青少年的欢迎，在国内外得到广泛的开展。从事跳跃项目的训练和比赛，可以发展速度、力量和灵敏性等身体素质，而且有助于提高弹跳能力和培养勇敢、果断的性格。

（一）跳远

1. 技术要领

助跑要提高重心、高抬腿、富有弹性、节奏明显。最后几步要有积极向踏板进攻的意识。快速、准确是助跑技术的要点，节奏是完成这一要点的关键。技术动作由助跑、起跳、腾空、落地组成，重点为助跑和腾空步。动作姿势分为蹲踞式、挺身式、走步式。

2. 训练方法

练习1：原地摆臂动作模仿练习。两腿前后站立，起跳腿在前，起跳腿同侧臂以大臂带动小臂由后下方向前上方摆动；摆动腿同侧臂由前下方向后上方摆动。摆动时要做到耸肩带上体，头部正直，眼看前上方。

练习2：原地摆动腿模仿练习。两腿前后站立，起跳腿在前。摆动腿前摆时，大小腿要充分折叠，大腿带髋部向上高摆。踝关节自然放松，脚尖不得超过膝关节。两臂配合摆动。

练习3：原地蹬摆结合练习。摆动腿在前，起跳腿前摆做着地动作。重心前移缓冲，当放脚缓冲后，重心和脚跟的连线垂直地面时，开始做蹬摆动作。摆动腿在蹬的基础上向前上方摆，起跳腿在摆的同时快速蹬伸髋、膝、踝关节。摆动腿可落在适当的台阶上。

练习4：两步助跑起跳练习。两腿前后站立。起跳腿在前，摆动腿向前跑出第一步落地后，积极后蹬推动髋部迅速前移，起跳腿积极放脚起跳。同时，摆动腿积极前上摆，落地时摆动腿先着地。

练习5：短、中距离的助跑成腾空步练习。丈量步点，采用走步丈量法。先确定助跑步数，然后根据助跑步数确定走的步数。走的步数一般为跑的步数乘2减2。例如，8步助跑的步数确定：$8 \times 2 - 2 = 14$（走步）。助跑要做到"三高"：高重心、高频率、高速度。起跳强调一个快字。

练习6：利用俯角跳板或斜坡跑道的短、中程助跑起跳腾空步练习。

3. 创新的训练方法

（1）走步式跳远

走步式跳远是急行跳远的一种腾空技术。在走步式中，起跳后两腿在两臂的配合下，在腾空时采用2步半和3步半两种动作技术。要求在空中做大幅度的前后绕环摆动迈步换腿动作来维持身体的平衡,并与两臂协调配合。落地前,收腹举小腿前伸,上体前倾,两臂同时向下后方摆动。

(2)挺身式跳远

挺身式跳远是技术环节较多的复杂跳远技术动作。快落地时,双脚、双手向身体前方合拢落地。挺身式跳远的练习方法分为五步:①原地模仿挺身式跳远的空中动作。支撑腿为起跳腿,摆动腿屈膝前摆,随即放腿并向右摆,髋部前展,同时两臂配合腿的动作向下侧后方绕摆至侧上方,注意体会放腿与展髋的动作。②起跳腿支撑站立,随口令做摆臂、摆腿、放腿、挺身、展髋的单足立定跳远,着重体会臂和腿的配合动作。③利用弹簧板做短程助跑起跳成腾空步后,下放摆动腿并落在沙坑内然后跑出。体会摆臂与展体的动作。④利用起跳板做短中程助跑挺身式跳远,要求摆动腿自然下放,髋部前移,展体挺身,收腹举腿落入沙坑。⑤全程助跑挺身式跳远练习,体会完整的技术动作。

(二)跳高

1. 技术要领

助跑要积极加速、步点准、有弹性、节奏好。后段弧线助跑保持身体向内倾斜。过杆时形成较大背弓,充分利用身体重心腾起的高度和身体各环节之间的补偿作用。技术动作由助跑、起跳、过杆、落地组成。动作姿势分为跨越式、俯卧式、背越式。重点是助跑、起跳的结合,过杆动。

2. 训练方法

练习1:利用跳箱仰卧做背弓成"桥"练习。

练习2:在垫子上原地站立,后倒背弓练习。

练习3:原地双腿跳起做后倒背弓练习。背对海绵包站立,然后双脚跳起,肩后倒挺髋,成背弓仰卧落在垫子上,先不要抬大腿,保持小腿自然下垂姿势。

练习4:原地双脚跳起做背弓过杆练习。背对海绵包站立,背后放一低横杆,屈膝半蹲,两臂在体侧后下方,两臂上摆,提肩提腰,两腿蹬伸跳起,肩后倒挺髋成背弓,小腿自然下垂。下落时,提大腿,甩直小腿。过杆后,以肩背落在海绵包上。

练习5:确定助跑步点,全程助跑起跳练习。

练习6:4步弧线助跑起跳成背弓练习。助跑起跳后,成背弓姿势,落在高于臀部的海绵垫上,小腿放松自然下垂。强调倒肩、放摆动腿的时机。

练习7:4~6步助跑起跳过杆练习。

练习8:逐渐升高横杆高度的全程助跑背越式跳高完整技术练习。

3. 创新的训练方法

(1)背越式跳高训练

背越式是跳高运动中一种最为实用的技术形式,在背越式跳高的过程中,运动员通过助跑能够为起跳积蓄一定的能量，换言之，助跑实质上就是起跳的根本动力，如果缺少了助跑这一环节，运动员很难完成整个背越式跳高的动作。运动员在助跑起跳的过程中，其身体的重心会从助跑的最后一步摆腿支撑开始到起跳蹬地结束，是身体保持一个持续上升的过程。起跳以及预先的准备动作完全都是在助跑的行进中完成的，运动员在助跑过程中为了降低身体的重心往往会选择身体前倾，这样有利于缩短倒数第二步时的摆腿支撑时间，使整个助跑的速度得到最大限度的提升，为进一步缩短起跳时间创造有利条件。助跑和起跳过程中身体重心的降低以及起跳过程中摆腿的蹬伸动作能够使速度由水平方向转化为垂直方向，这样便可以使运动员跳得更高。

(2) 剪式跳高

剪式跳高又称"东方式跳高"，是急行跳高姿式之一。剪式跳高的训练方法是沿垂直横杆方向或稍偏摆动腿一侧的方向助跑。起跳腾空后，摆动腿上杆，做内旋下压动作，上体侧转并向下运动，使臀部弓起；起跳腿外旋绕过横杆下落，下压的摆动腿向上振起，与起跳腿成剪绞状动作，同时主体与头部越过横杆。

三、投掷

投掷比赛项目有铅球、铁饼、标枪和链球。通过投掷项目的练习可以增强体质，发展躯干和上下肢力量，特别是对爆发力量有明显作用。同时，投掷也是人们日常生活、生产劳动所需要的一种最基本的活动能力。

（一）推铅球

推铅球是一个速度力量性项目。投掷原理表明，铅球出手的初速度、出手角度及出手的高度决定了铅球飞行的远度。

推铅球的方法目前主要有两种，背向滑步推铅球法和旋转推铅球法。由于旋转推铅球对运动员的技术、身体素质要求高。故而，大多采用背向滑步推铅球。

完整的背向滑步推铅球技术可分为握球、持球、滑步、转换、最后用力5个部分。这5部分都要注意维持身体平衡。

1. 握球技术

握球的手五指自然分开，将球放在食指、中指、无名指的指根处，拇指和小指贴在球的两侧，以保持球的稳定。握好球后，将球放在锁骨内端上方，紧贴颈部，掌心向上，右上臂与躯干约呈90度，躯干与头部保持正直。

2. 滑步技术

完整的滑步技术包括预备姿势、团身、滑步3个部分。

(1) 预备姿势（以右手为例）

运动员持好球后，背对投掷方向，身体重心落在右脚掌上，左脚置于右脚跟后方20～30厘米处，以脚尖点地，帮助维持平衡。上体与头部保持正直，两眼平视，两肩与地面平行。这种预备姿势（常称高姿势）较为自然，有助于集中精神开始滑步。

（2）团身动作

运动员站稳后，从容地向前屈体，待上体屈到快与地面平行时，屈膝下蹲，同时头部和左腿向右腿靠拢，完成团身动作。

（3）滑步动作

滑步由身体重心后移，左腿向投掷方向伸摆开始，经过蹬伸右腿、回收右脚来完成这一动作。滑步技术要点：一是两腿动作顺序为左腿在先，蹬伸右腿在后，最后收回右小腿。二是左腿与躯干的关系是左膝伸开应保持与躯干成一直线，直至最后用力开始。三是处理好铅球的位置。当右膝伸开后，铅球约处在右小腿的二分之一处，外侧的垂直线上。当右腿回收后，铅球约处在右膝上方外侧。

3. 转换技术

转换技术也叫过渡步技术。回收右小腿结束，以脚尖着地，紧接着将左脚插向抵趾板，以脚掌内侧着地。右腿着地时，体重大部分落在右腿上，左腿着地时，身体重心移至两腿之间，在这一过程中，运动员上体和头部姿态没有明显变化。

4. 最后用力

最后用力可分为准备和加速两个部分：

（1）最后用力的准备部分

从左腿落地到身体形成侧弓。在这一过程中，投掷臂尚未给铅球加速，仅是依靠右膝的内压，右腿的转蹬推动骨盆侧移。由于上体不主动抬起，头颈不主动扭转，而使身体左侧保持最大拉紧状态，为最后的加速用力创造有利条件。

（2）最后用力的加速部分

躯干形成侧弓后，在左腿有力的支撑下，利用躯干的反振作用，顺势转肩伸臂完成整个投掷动作。在最后用力过程中，左腿的支撑作用十分重要，它不仅可以提高铅球的出手点，更重要的是可以提高手臂的鞭打速度。左臂通过上、下方位的摆动，可控制胸大肌横向弓展和推球手臂鞭打的距离。

5. 身体平衡

铅球出手后，为了防止犯规，常采用换步和降低身体重心减缓冲力，以维持身体平衡。

6. 创新的训练方法

推铅球创新的训练方法以超等长训练法最具代表性，超等长训练法在推铅球训练中的应用有两个重点：超等长俯卧撑和预抛接球后快速推出。

超等长俯卧撑是指将双手的手指相对，肘关节向外，模仿进行铅球投掷时的动作，用手臂向上撑起身体，双手击掌后落回地面，手臂应缓慢的进入连续的曲臂阶段，对手臂的主动肌进行充分的拉长。超等长俯卧撑能够有效的对上肢的肌肉拉伸度进行锻炼，激发上肢的爆发力，对于解决铅球投掷中容易出现的掉肘的错误动作既有很好的锻炼效果，增加手指和手腕的力量和锻炼运动员的推拨动作。

预抛接球后快速推出是指身体采取正面或者侧面站立，投掷臂在进行肩上预抛接球之后迅速的进行推球。这种训练方法的原理是，抛球后预接推动，能够使得身体形成一个反弓形，形成力量的积蓄，使得相关的肌肉得到的一定的拉伸，存储了一定的拉伸势能，在第二次推球用力储备强大的爆发力。抛球和接球的过程中，右肩低于左肩，头部向右旋转，身体左侧肌肉群被拉伸，处于最大的拉伸状态，加长了推手臂的鞭打距离，为铅球抛出的最后爆发力提供基础。

（二）掷铁饼

掷铁饼是奥运会和世界田径锦标赛的一项比赛项目。比赛时，投掷者一手持铁饼，在投掷圈内通过旋转动作将铁饼掷出尽可能远的距离。正式比赛中铁饼的重量男子为 2 公斤，女子为 1 公斤；投掷圈内圈直径为 2.50 米，有效区角度为 40 度。从技术结构上讲，完整的掷铁饼过程可以分为握法、预备姿势、预摆旋转、最后用力和铁饼掷出后的身体平衡五个部分。

1. 技术和要领

（1）握法

五指自然分开，拇指和手掌平靠铁饼，其余四指的最末指节扣住铁饼边沿，铁饼的重心在食指和中指之间，手腕微屈，铁饼的上沿靠在前臂上，持饼臂自然下垂于体侧。

（2）预备姿势和预摆

预备姿势要背对投掷方向，两脚左右开立约一肩半，站于圈内靠后沿处的投掷中线两侧。两脚平行开立或左脚稍后，持饼臂自然下垂于体侧，眼平视。

预摆是为了获得预先速度，为旋转创造有利条件。目前常见的预摆有两种：左上右后摆饼法和身体前后摆饼法。

第一，左上右后摆饼法。开始时，持饼臂在体侧前后自然摆动，当铁饼摆到体后时，重心靠近右腿，接着以躯干带动持饼臂向左上方摆起；当铁饼摆到左上方时，左手在下托饼，重心靠近左腿，上体稍左转。回摆时，躯干带动持饼臂将铁饼摆到身体右后方，身体向右扭紧，重心处于右腿上，上体稍前倾，左臂自然微屈于胸前，眼平视，头随上体的转动而转动。

第二，身体前后摆饼法。开始时，持饼臂在体侧前后自然摆动，当铁饼摆向体前左方时，手掌逐渐向上翻转，右肩稍前倾，重心靠近左腿。铁饼回摆到体后时，手掌逐渐翻转向下，重心由左向右移动，上体向右后方充分转动，使身体扭转拉紧。这种方法动作放松，幅度大，目前大多数优秀选手都采用这一方法。

（3）旋转

预摆结束后，弯曲的右腿蹬地，上体向左转动，同时左膝外展，重心由右脚向边屈边转的左腿移动；接着，两腿积极转动，并以左脚前脚掌为轴向投掷方向转动，身体向投掷方向倾斜，投掷臂在身后放松牵引铁饼。当左膝、左肩和头即将转向投掷方向时，右膝自然弯曲，以大腿发力带动整个腿绕左腿向投掷方向转扣（右脚离地不能过高），这时左髋低于右髋，身体成左侧单腿支撑旋转，接着以左脚蹬地的力量推动身体向投掷圈的中心移动，右腿、右髋继续转扣。当左脚蹬离地面时，右腿带动右髋快速内转下压，左腿屈膝迅速向右腿靠拢，左肩内扣，上体收腹稍前倾。接着，左脚积极后摆，以脚掌的内侧着地，落在投掷圈中线左侧、圆圈前沿稍后的地方，身体处于最大限度的扭转拉紧状态，铁饼远远留在右后方，左臂自然微屈于胸前，为最后用力做好准备。

（4）最后用力和身体平衡

当左脚着地时，右脚继续蹬转，使右髋积极向投掷方向转动和前送。接着，头向投掷方向转动，左臂微屈于胸前，胸部开始向前挺出，重心逐渐移向左腿。当重心移向左腿时，右腿继续蹬伸用力，以爆发式的快速用力向前挺胸挥饼。与此同时，左腿迅速用力蹬伸，左肩制动，成左侧支撑，使身体右侧迅速向前转动，将全身的力量集中在铁饼上，当铁饼挥至右肩同高并稍前时，使小指到食指依次用力拨饼出手，使铁饼顺时针方向转动向前飞行。

铁饼出手后，应及时交换两腿，身体顺惯性左转，同时降低身体重心，维持身体平衡。

2. 错误及纠正方法

（1）双腿支撑起动进入单腿支撑旋转阶段，身体失去平衡

产生原因在于进入旋转时上体过早倒向圆心；身体还没有形成左侧支撑转动轴时左肩和上体过早倒向圆心。

纠正方法有两种。一是徒手双支撑进入单支撑的模仿练习，体会身体由右向左向圆心转动的路线及单支撑时身体的平衡感觉。二是徒手或持辅助器械做旋转至双脚着地成用力姿势的练习，重点体会双支撑进入单支撑身体平稳地转动与向前的结合。

（2）双腿支撑进入单腿支撑旋转阶段，上下肢的动作结构不合理

产生原因在于左肩和左臂过早打开并过早向圆心方向摆动，使上体突然加速，破坏了上下肢的合理动作结构。

纠正方法有两种。一是徒手做开始起转练习，强调下肢的积极主动转动，特别是左腿的屈膝转动。二是徒手旋转至双腿支撑用力前姿势，重点体会左肩和左臂向圆心做弧形摆动的路线，使左肩、左臂与左腿和左膝形成一体转动。

（3）旋转后两脚落地的位置过于偏左或偏右

产生原因在于起转时，左脚转动的方向没有到位，右脚弧形摆动转髋的方向控制不准确。

纠正时要多做开始起转的练习，重点要求两腿支撑转动的程度和右腿弧形摆动与左腿

支撑转蹬的配合，在圈内使用标志进行检查。

（4）旋转后用力前，上体过早抬起使身体重心前移

产生原因在于对最后用力技术概念不清楚，上体发力时间过早，同时，身体素质较差，特别是腿部和腰背腹肌力量差。

纠正方法有两种。一是明确技术概念，多做徒手或持辅助器械旋转至用力前的姿势，强调旋转过程中始终保持半蹲收腹扭转。二是发展腿部和腰背腹肌力量。

（5）旋转后用力前，髋轴与肩轴没有形成扭转拉紧的最后用力姿势

产生原因是旋转后没有控制好上体的继续旋转和有意识留住持饼臂，使饼过早前摆；下肢转动不积极。

纠正要在教师的帮助下，做徒手旋转练习，要求学生适当控制上体，让学生体会旋转过程中下肢积极主动，特别是单腿支撑的转动，要求前脚掌支撑转动，不能用全脚掌着地，并且体会上体被动放松，投掷臂留在身后的肌肉感觉，并指出旋转后、用力前铁饼所在的位置。

（6）旋转至右脚着地成单支撑阶段明显停顿或转不起来

产生原因有三方面。一是右腿摆动右髋转扣时左腿蹬地力量不够，使重心没有移到右脚的支撑点上方。二是右腿弧形摆动与左腿转蹬过于向上，形成跳起过高，重心起伏较大，易使落地形成制动，从而造成旋转动作停顿。三是右脚落地是用全脚掌着地。

纠正方法有三种。一是多做开始起转腾空后衔接单支撑的转动练习。要求低平摆动，防止高跳。二是多做单支撑转动的专门练习，要求学生掌握单支撑转动阶段合理的身体结构，特别是重心、转动轴和左腿的积极后摆，体会单支撑转动的肌肉感觉。

（7）最后用力上体过早发力，没有发挥下肢转动用力的能力

产生原因在于右腿右髋转动用力技术不熟练，上体和手臂用力时机掌握不好。

纠正方法有三种。一是双人对抗练习，使学生体会右腿右髋主动用力的肌肉感觉。二是练习原地投掷，强调由下而上的用力顺序。三是投掷辅助器械，强调最后用力时前半部分下肢的积极用力作用与后半部分上体爆发式用力的配合动作感觉。

（8）最后用力向前不够

产生原因在于最后用力两脚开立距离过小，同时右腿右髋转蹬前送不够，没有形成良好的左侧支撑用力。

纠正方法。徒手或持木棒做打树叶练习。要求：一是两脚开立宽于肩；二是右腿右髋转动中推动身体重量靠近支撑的左腿；三是手或木棒接触树叶的那一点即出手点；四是胸带臂向前平打，不要提肩。

（9）最后用力向左侧倒

产生原因在于左侧支撑用力意识差，左肩没有制动动作。

纠正方法有两种。一是徒手或持辅助器械做最后用力模仿练习，重点强调左腿的支撑

用力动作和左肩的制动动作。二是初学者要求以"支撑投"动作类型为主，强调发挥支撑转动用力的作用。

以上各项是训练时常见的易犯错误动作，由此而派生的错误动作多种多样，教师纠正时首先要分析错误产生的原因，根据学生的具体情况和教学条件，采用纠正的手段。一般应让学生明确该环节技术的概念，采用单个的、局部动作的专门练习体会肌肉感觉，再要求在完整技术中能做出正确的动作，反复练习，达到改进动作的目的。

3. 创新的训练方法

目前，数字铁饼已经成为掷铁饼项目中的创新训练方法。由于数字铁饼规格符合国际田联对男子用铁饼的标准，因而可以作为运动员实际训练用饼，在正常训练的同时，采集运动员投掷中铁饼的加速度和角速度信息。数字铁饼能够提供铁饼投掷过程中的加速度和角速度信息，这些信息直接对运动员的训练提供帮助。

数字铁饼的整体结构。数字铁饼通过螺丝将上下壳联结，构成一个整体，功能电路与下壳固定连在一起，上下壳之间在适当位置放置质量补偿块和弹性体材料。减小数字铁饼在触地时的冲击对内部结构的损伤。

运动员采用现在比较常见的背向旋转投掷技术，数字铁饼把每次运动员投掷中铁饼的运动学数据都存储在饼体内的存储器巾，训练测试完毕后，由上位机通过 USB 接口读取铁饼的运动学信息，并按一定格式保存，上位机可以通过专门软件对这些数据进行分析。

第三节　体操运动与训练

一、竞技体操

在 18 世纪以前体操还没有形成一个独立的体系，当时的体操都是游戏、军事和竞技等活动。直到 19 世纪初期和中叶，才先后形成了德国、瑞典两大体操流派，他们为体操发展贡献较大，为现代竞技体操发展奠定了基础。历届奥运会体操都成为不可缺少的比赛项目。

（一）自由体操（女生）

1. 单腿跪撑平衡

两手撑地同肩宽，单腿跪地，小腿与大腿成直角，大腿与身体成直角，抬头挺胸，另一腿伸直，尽量后上举。

保护与帮助：保护者跪在练习者侧面，一手握其上臂，另一手托腿部帮助其保持平衡。

2. 肩肘倒立

由直角坐开始，上体后倒同时收腹举腿，向后滚动，两手压地。接着，在向上伸髋的同时，屈肘内夹，双手虎口向上撑于腰背部两侧，使身体成为肘、头和双肩支撑的倒立。

保护与帮助：保护者站在练习者的侧方，双手握住练习者的腿上提。必要时可用膝盖顶住臀部，使其充分伸直。

3．单肩后滚翻成单腿跪平衡

由直角坐开始，左臂屈肘，掌心向上，手指向后置于左肩上，右臂侧平举，头向左倾。收腹向后滚动，当滚动至右肩时，右腿后伸着地，左腿后上举。推左手，右手收至体前成右腿跪地、左腿向上举的跪平衡。

保护与帮助：保护者立于练习者侧方，滚动至右肩时，一手轻托练习者左膝部，助力推动。

4．前滚翻

蹲立，双手体前撑地，两腿蹬伸同时低头、提臀，使头部置于两手之间，以枕部抵紧地面，然后颈、背、腰、臀依次滚动着地。当背部着地时，两臂前挥紧抱小腿，低头、收胸、快速向大腿收靠至蹲立。

保护与帮助：保护者跪于练习者侧方，推背帮助起立。

5．跪跳起

两臂前平举，展腹跪立。两臂后摆同时收腹下坐，两臂向前上方迅速挥动，同时展髋、提腰，足背与小腿弹压地面，身体向上腾起后，快速收腹收腿，成两臂前平举的蹲立。

保护与帮助：保护者立于练习者侧方，当其两臂摆至前上方时，以手托其上臂，助其收腹收腿。

6．创新的训练方法

（1）减难法

减难法在辅助练习中主要是指以低于专项要求的动作完成难度进行训练的方法，通常需要搭配使用保护帮助法或使用辅助器械、变形器械等进行练习的方法。如运动员在初学团身后空翻这个动作时，由于运动员的自身能力和熟练性都不具备在一开始学习该动作时就能够立刻在自由操板上独立完成，因此，需要采用减难法对团身后空翻进行设计相关的辅助练习，教练员可以通过保护帮助法来让运动员进行该动作的完整练习，此外也可通过由高至低（平地至海绵坑或者从垫至平地）的降低动作完成难度的方式以及采用蹦床等辅助器械来帮助运动员完成和掌握完整的动作。这有助于帮助运动员建立自信心以及帮助运动员在能力还有所欠缺的情况下完成该动作。

（2）加难法

加难法在辅助练习中主要是指以高于专项要求的动作完成难度进行训练的方法，通常搭配采用的方法有保护帮助法和完整法或者分解法等，且常用的辅助器械主要是沙袋或者高包等。如运动员在学会跳马项目的助跑前手翻后，由于需要进一步发展前手翻接团身前空翻等动作，因此在前手翻学会以后，教练员会安排前手翻站高垫或者是趴高垫等辅助练习，而这两种练习就是在前手翻的基础之上所运用加难法设计出的辅助练习。

（二）双杠

1．分腿骑坐前进

由分腿坐开始，两手推杠，两腿压夹杠，身体挺直立起提高重心。上体前倒，两手体前撑杠（稍远些），同时紧腰，腿压杠弹起后摆进杠。并腿前摆，腿超过杠面后，迅速向两侧分开以大腿后内侧触杠，并顺势后滑成分腿坐。

保护与帮助：保护者站在杠外练习者侧前方，待其前进手撑杠时，一手握其上臂稳固支撑，一手托大腿助其腾起进杠；当其前摆时顺势托其背腰以助前摆。初学者可两人保护。

2．支撑摆动

支撑摆动是双杠摆动动作中重要的基本技术之一。摆动时应直臂撑，顶肩，以肩为轴，肩部尽可能保持在支撑点（握点）的垂直部位。支撑摆动可分为前摆和后摆：前摆是从身体后的最高点（极点）开始的；后摆是从前摆的最高点开始的。

前摆动作要点：身体由后上方向下摆时，脚远伸，保护直体自然下摆。身体摆至握点垂直部位前应挺开腹部伸开腕。当摆过杠下垂直时，稍屈髋，向前上方做踢腿动作，以加速前摆，同时两臂向后下用力、顶肩，身体上摆接近极点时，将髋腿向前上远送，拉开肩角，达到最高点（极点）。

后摆动作要点：由前摆到最高点时，直体自然下摆，摆至握点垂直部位前，应稍微屈髋，摆过握点垂线后，向后上甩腿动作，以加速后摆，同时稍含胸、紧腰、顶肩。当身体后上摆接近极点时，应充分挺直，脚远伸，达到极点。

保护与帮助：保护者站在杠侧，一手握练习者的上臂以稳固支撑，一手在前摆时托腰背，后摆时托腹或大腿，助其摆动。

3．支撑前摆成外侧坐

该动作支撑前摆两腿越右杠，重心右移成外侧坐。

保护与帮助：保护者站在近端外侧，一手握练习者的上臂帮助支撑，一手托其腰部帮助其完成外侧坐。

4．外侧坐向前跳下

由外侧坐开始，左手体前撑杠（稍远些），右臂侧举，上体前倒重心前移，肩主握点上稍前倾，同时左腿用力压杠，右腿后摆，左臂用力顶撑，使身体腾起，两腿迅速并拢，挺身跳下。

保护与帮助：帮助者站在练习者落地的同侧，一手握其右上臂，一手待其腿后摆时，顺势托大腿，帮助腾起展体落地。

5. 支撑前摆下

由支撑前摆开始，当身体向前摆过杠下垂直部位后，稍屈髋，加速向前上摆动，腿摆过杠面后，身体重心稍右移，两腿主动向右外移。当上摆脚至肩平时，立即制动腿，并做下压动作，同时两臂用力推顶杠，急振上体，使身体腾起，先脱右手至侧举，左手换握右杠，挺身下。

保护与帮助：保护者站在练习者落地的同侧，右手握其上臂，以稳固支撑，左手托其背部，帮助外移重心，保护落地。

6. 分腿坐前滚翻成分腿坐

由分腿骑坐开始，两手体前靠近大腿处握杠，肘稍内夹，含胸低头，收腹提腰，使重心前上升。体前屈，肩触杠时两肘外张，用两臂控制重心继续前移，两腿并拢。当重心向前稍过肩垂直部位时，两手迅速向前换握杠。臀部接近杠水平时，两腿分开下压，两臂推杠，上体前跟成分腿坐。

保护与帮助：保护者站在杠侧，一手托练习者的膝上部，帮助提高重心，一手杠下顶肩，以防落下。前滚换握时，两手在杠下托其背和腰部，以防背部下降，帮助前滚成分腿坐。

7. 分腿坐慢起肩倒立

由分腿坐开始，两手在靠近大腿处撑杠，上体前屈，屈臂用力，肘稍内夹，梗颈含胸，收腹提腰使臀部上升。当肩触杠时，两肘外张，用三角肌压杠，两手虎口稍外旋，身体重心落在两手、两肩的支撑面内，两腿从两侧上举并拢、立腰、伸髋成肩倒立姿势。

保护与帮助：保护者站在杠侧，一手在杠下托练习者肩防止下落，一手托其大腿帮助提高重心，保持平衡。初学者可两人保护，另一人站在杠中，当臀上升肩要触杠时掐其腰部，防止前倒。

8. 女生成套动作

杠端站立——跳上支撑前摆成分腿坐——分腿骑坐前进一次——两手体前换握——两腿向杠内摆越——支撑前摆成外侧坐——外侧坐向前跳下。

9. 男生成套动作

杠端站立——跳上支撑前摆成分腿坐——分腿坐慢起成肩倒立——前滚翻成分腿坐——分腿骑坐前进一次——两手体前换握，两腿向杠内摆越——支撑前摆下。

10. 创新的训练方法

（1）分解辅助法

分解辅助法大多采用单个动作的前半个动作、后半个动作与完整动作相结合的练习方法。例如双杠倒立支撑摆动技术，在完整的支撑摆动中，最关键、最难掌握的技术是从倒立开始的下摆,所以在练习中应该将动作分解开来进行练习,首先教练员或帮助者帮助练习者在双杠上倒立,以体会杠上倒立的肌肉用力大小的感觉,然后在无人帮助下,练习者进行体会小支撑摆动的肌肉用力大小、节奏等感觉的辅助练习,待各种辅助练习成熟后才可进行完整的大幅度的练习。

(2) 直观法

通过示范、图解、模型、录像等视觉分析将动作过程采用完整、分解、重点、比较的示范方法进行肌肉用力感觉的练习。可使用完整示范对单个动作、联合动作和成套动作的各种肌肉用力感觉进行指导,使练习者理解并掌握。使用分解示范要先从视觉上对练习者将要做的动作进行分析,以促进肌肉用力感觉方法的理解。重点和对比示范是对动作的重点部位和出现错误的地方进行正误对比来帮助练习者掌握肌肉用力感觉。图解、模型、录像可使练习者了解自己肌肉用力感觉出现问题的地方和重点用力感觉所在。

(三) 支撑跳跃

1. "山羊"分腿腾越

"山羊"高100~110厘米(女生)。助跑上板有力踏跳,跳起后含胸,上体稍前倾和稍屈髋向前上方腾越。两臂主动前伸撑"山羊",同时紧腰固定髋关节。手撑器械时,在肩未过支撑点垂面之前,两臂迅速向前下方猛力顶肩推手,同时两腿侧分前摆。接着迅速制动腿,上体抬起,挺身落地。

保护与帮助:保护者站在练习者落地点一侧,一手扶腹,另一手扶背。保护者正面两脚前后开立,手握练习者两上臂(顶肩),顺势上提,同时前腿随练习者落地而后退。

2. 横箱分腿腾越

箱高110~115厘米(男生),基本同"山羊"分腿腾越,但分腿应稍大些。

保护与帮助:同"山羊"分腿腾越。

3. 创新的训练方法

(1) 渐进法

渐进法是指训练方法与手段进行创新时,教练员对原来已有训练方法与手段一点一点地进行改进,最后成为一种新的、科学的方法。这种方法是在新的运动训练理论与方法的提示下,经过多种训练方法与手段的改进,变为一种新的、更为实用的方法与手段。在支撑跳跃专项助跑训练方法,从刚开始的仅用一般训练方法,到与技术动作的结合,最后到与成套动作的结合,既增加运动员的专项机动性,又提高了成套动作的熟练性和成功率。

(2) 移植法

移植法也是支撑跳跃中应用到训练实践而起到良好作用的创新方法。例如心理训练法、监控训练法都是心理学、技术科学中移植过来的,它们的应用都给支撑跳跃训练水平提高起到了较大作用。

二、健美操

健美操是在音乐的伴奏下融体操、舞蹈、美学为一体，以有氧运动为基础，以健、力、美为特征的一项新兴体育运动。健美操的动作有内容丰富、变化多样、新颖独特的特点。各种动作充分展现出刚劲有力、动感、韵律、协调、优美等健美气氛。经常从事健美操练习，不仅能使人体健美，而且能培养人的协调性、灵活性和乐感，同时还可以使人心情舒畅、情绪饱满、富有活力，从而达到健身健体、陶冶心灵的目的。

（一）手型

健美操手型主要有掌和拳两种。

掌：包括分掌、合掌。

分掌：五指用力分开，手腕保持一定的紧张程度。

合掌：五指并拢伸直。

拳：五指弯曲紧握，大拇指压在食指弯曲部位。

（二）站立

1. 立

直立：指头颈、躯干和脚的纵轴保持在一条直线上。

点地立：指一腿直立（重心在站立脚上），另一腿向各方向伸直，脚尖点地。包括前点立、侧点立、后点立。

2. 弓步

指一腿向某方向迈出一步，膝关节弯曲成90度左右，膝部与脚尖垂直，另一腿伸直。包括左、右腿的前、侧、后弓步。

3. 跪立

指大腿与小腿成直角的跪姿。包括双腿跪立、单腿跪立。基本站立的动作要求：站立时，头正直，上体保持挺直、沉肩、挺胸、收腹、收臀、立腰、立背、直膝。

弓步时，前弓步和侧弓步的重心在两腿之间，后弓步的重心在后腿。提踵立时，两腿内侧肌群用力收紧，起踵越高越好。

（三）身体各部位基本动作

1. 头、颈部动作

屈：指头颈关节的弯曲。包括向前、后、左、右的屈。

转：指头颈部绕身体垂直轴的转动。包括向左、右的转。

绕和绕环：指头以颈为轴心的弧形和圆形运动。包括左、右绕和左、右绕环。

做各种形式头颈动作时，上体保持正直，速度要慢，头颈移动的方向要准确，颈部被动肌群充分伸展。

2. 肩部动作

提肩：指肩胛骨做向上的运动。包括单肩、双肩的同时提和依次提。提肩时尽力向上,沉肩时尽力向下,动作幅度大而有力。

沉肩:指肩胛骨做向下的运动。包括单肩、双肩的同时沉和依次沉。

绕肩:指以肩关节为轴做小于360度的弧形运动。包括单肩向前、后绕,双肩同时或依次向前、后绕。绕肩时上体不能摆动,两臂放松,头颈不能前探;动作连贯,速度均匀,幅度大。

肩绕环:指以肩关节为轴做360度及360度以上的圆形运动。包括单肩向前、后绕环,双肩同时或依次向前、后绕环。

振肩:指固定上体,肩急速向前或向后的摆动。包括双肩同时前、后振和依次前、后振。振肩动作要有速度、力度和弹性。

3. 上肢(手臂)动作

举:指以肩为轴,臂的活动范围不超过180度而停止在某一部位的动作。包括单臂和双臂的前、后、侧,以及不同中间方向的举(如前上举、侧上举等)。

屈:指肘关节产生了一定的弯曲角度。包括头上屈、头后屈、肩侧屈、肩上侧屈、肩下侧屈、肩上前屈、胸前屈、胸前平屈、腰间屈、背后屈。

绕:指双臂或单臂向内、外、前、后做180度以上、360度以下的弧形运动。

绕环:指以肩关节为轴,双臂或单臂做向前、向后、向内的绕环。

摆:指以肩关节带动手臂来完成臂的摆动动作。包括单臂和双臂同时或依次向前、后、左、右的摆。

振:指以肩为轴,手臂用力摆至最大幅度。包括上举后振、下举后振、侧举后振。

旋:指以肩或肘为轴做臂的旋内或旋外动作。

4. 胸部动作

含胸:指两肩内合,缩小胸腔。

展胸:指两肩外展,扩大胸腔。

移胸:指髋部固定。做胸左、右的水平移动。

练习时,收腹、立腰。含、展、移胸要达到最大极限。

5. 腰部动作

屈:指下肢固定,上肢沿矢状轴和水平轴的运动。包括前后左右的屈。

绕和绕环:指下肢固定,上体沿垂直轴做弧形和圆形运动。包括左、右绕和绕环。

练习时,身体远端尽力向外延伸,绕环幅度要大而连贯,速度放慢。

6. 髋部动作

顶髋指髋关节做急速的水平移动。包括前、后、左、右顶髋。

提髋指髋关节做急速向一侧上提的动作。包括左、右提髋。

摆髋:指髋关节做钟摆式的连续移动动作。包括左、右侧摆和前、后摆。

绕髋和髋绕环:指髋关节做弧形、圆形移动。包括向左、右的绕和绕环。动作要求:

髋关节做顶、提、绕和绕环时应平稳、柔和、协调，稍带弹性，上体要放松。

7．下肢动作

滚动步：两脚同时交替做由前脚尖至全脚掌依次落地动作。

交叉步：一脚向另一脚前或后交叉行进。

跑跳步：两脚交替进行，跑后支撑阶段有一次跳的过程。

并腿跳：双腿并拢，直膝或屈膝跳。

侧摆腿跳：单腿跳起，同时另一腿向外侧摆动。

（四）创新的训练方法

1．瑜伽训练法

瑜伽是通过身体、动作、思想和呼吸相互联系，产生一种平衡、放松、和谐的感觉。瑜伽比较侧重于力量、柔韧性、耐力的培养锻炼，尤其是力量和耐力，同时注重呼吸的配合，体式之间的衔接给人一气呵成之感。瑜伽对竞技健美操运动员的力量、柔韧性、平衡性具有显著的效果。瑜伽很多姿势使肌肉、韧带产生张力，同时肌肉等长收缩，深度拉长肌肉，让肌肉更富有活力不易变硬，提高练习者的兴趣。瑜伽的放松术有安静神经的功效，能在最短时间内消除疲劳，消除由于平时专业训练带来的忧虑，消除郁闷与紧张，减轻生活和训练带来的各种压力，使人心态平和。瑜伽通过体位法的串联结合呼吸与冥想的运用来修复身心疲劳有利于提高平时专业训练的效果。

2．表象训练法

在健美操教学过程中，运动员进行表象训练，在回放动作和默念要领的过程中，能产生"身临其境"的感觉，其大脑较快的建立精确的抑制过程，使运动员对动作的控制能力加强，做动作也变得较为流畅、准确，增强了学习效果，提高了运动员的学习效率，缩短了运动技能形成的泛化阶段，使运动员能较快掌握动作，形成了初步的动力定型，提前进入运动技能形成的分化阶段。

通过表象训练可以扩大运动员的注意范围，使视觉作用减弱并加强了动觉控制作用，运动员可以对练习中所出现的不准确或变形动作进行自觉地调整和纠正，达到较好的学习效果。

参考文献

[1] 陈玲. 高校健美操教学模式创新探究［J］. 中共郑州市委党校学报，2010（3）：124－125.

[2] 陈瑞琴，周杏芬，汪康乐. 大学生健美操［M］. 苏州：苏州大学出版社，2012.

[3] 方慧. 体育教育的价值回归——促进大学生素质教育和终身体育培养的体育教学模式研究［M］. 北京：化学工业出版社，2015.

[4] 关北光，毛加宁. 体育教学设计［M］. 成都：西南交通大学出版社，2016.

[5] 胡小明. 体育美学［M］. 北京：高等教育出版社，2011.

[6] 李启迪，邵伟德. 体育教学基本理论研究［M］. 北京：北京师范大学出版社，2014.

[7] 蔺新茂，毛振明. 体育教学内容论［M］. 北京：北京体育大学出版社，2014.

[8] 刘忆湘. 体育与文化［M］. 武汉：武汉理工大学出版社，2010.

[9] 孙大光. 体育文化与概论［M］. 北京：高等教育出版社，2013.

[10] 王崇喜. 体育课程与教学改革研究［M］. 开封：河南大学出版社，2014.

[11] 张亚平. 学校体育教学与管理［M］. 北京：中国书籍出版社，2014.

[12] 赵学森，蒋东升，凌齐. 体育文化与健康教育［M］. 北京：北京理工大学出版社，2015.

[13] 赵翼虎. 人文体育教学概论［M］. 北京：化学工业出版社，2014.

[14] 张芹. 论体育教学中保护与帮助的关系［J］. 赤峰学院学报（自然科学版），2016（6）：114－115.

[15] 臧梅. 浅谈如何在体育教学中进行创新教育［J］. 体育时空，2013（10）：94.

[16] 杨岚凯. 若干现代运动训练理论与球类运动实践的再认识［J］. 现代职业教育，2017（16）：88.

[17] 肖文增. 浅谈高中大课间体育活动的组织与管理策略［J］. 天天爱科学（教育前沿），2019（9）：170.

[18] 李颖杰. 体操运动训练存在的问题及对策研究［J］. 当代体育科技，2018（5）：99.

[19] 李启迪，邵伟德. 体育教学基本理论研究［M］. 北京：北京师范大学出版社，2014.

[20] 李芳菲，赵静晓，凌晨. 健美操有氧舞蹈项目成套动作编排研究［J］. 体育世界（学术版），2012（5）：79－81.

［21］李林林，许小刚. 健美操专项课程教学中培养学生创新能力的路径研究［J］. 青少年体育，2015（8）：106－107.

［22］刘浩，张晓莹. 世界竞技健美操锦标赛参赛运动员身体形态与运动素质结构特征研究［J］. 中国体育科技，2012（1）：44－47.